# 擺脫
# 欺負自己
## 的壞習慣

Cocology 著
酒井和夫 審訂
張嘉芬 譯

# 欺負自己

就是當我們面對**厭惡的事情**或**煩惱**時，
萌生出了各種折磨自己的**念頭**或**情緒**。

我沒什麼想做，
也沒什麼會做的。
這樣活著到底
還有什麼價值？

咚……

只要擺脫這些
「欺負自己」的壞習慣，
天天都能活得輕鬆自在。

呼
～

讓我們一起
跨出擺脫壞習慣的
第一步！

本書導讀人

Cocology
形象代言人

阿心

# 前言

　　幸會！我是 Cocology 的形象代言人阿心。

　　接下來，我將透過這本書，協助您照顧自己的心理健康。

　　Cocology 主要是在推特和 IG 上活動的心理照護團隊。我們會以心理學知識為基礎，提供一些能讓您放鬆心情的實用資訊。

　　這麼問或許有些冒昧，我猜各位受傷、感冒時，應該會請假去看醫生吧？然而，當我們的心受傷時，卻有很多人會把矛頭指向自己，覺得「是我不好」。

　　**「什麼都不會的我，活著到底還有什麼價值？」**

　　**「我最討厭自己動不動就煩躁。」**

　　**「樣樣不如人的我，怎麼會這麼一無是處啊？」**

　　像這樣開始責怪自己之後，這些念頭就會更肆無忌憚地折磨我們。

　　本書書名當中的「**欺負自己的壞習慣**」，就是指「**面對厭惡的事情或煩惱時，總是萌生出折磨自己的念頭或情緒**」。

　　其實原本這些「欺負自己的念頭」，是一種用來守護你我心理健康的功能。那麼，究竟為什麼守護心理健康的功能，卻變成了傷害自己的「詛咒」呢？

　　在心理學中，這種責怪自己的情緒，功能是「減輕自己的罪惡感，降低他人批評所造成的傷害」。

　　換言之，這是搶在我們被心中的「某些東西」欺負之前，自己就先欺負自己的狀態。

## 「欺負自己的壞習慣」的真相

會在心中欺負我們的「某些東西」，其實指的多半不是特定人士，而是根據以往我們和父母、親友相處的經驗，所打造出的「應然思維」。

「應然思維」就像你我心中那些先入為主的觀念，例如「凡事都要力求完美」、「要當個乖小孩，以免被人討厭」等。

當我們從小就被下意識地灌輸「應然思維」時，即使長大，這些思維仍會化為「詛咒」，在你我心中住下。

要切割這些「應然思維」詛咒，關鍵在於是否**願意接受「糟糕的自己也 OK」**。願意接受「糟糕的自己也 OK」，就不會只用「做得到」、「做不到」來判斷好壞。即使最後失敗，也不會失去安全感。

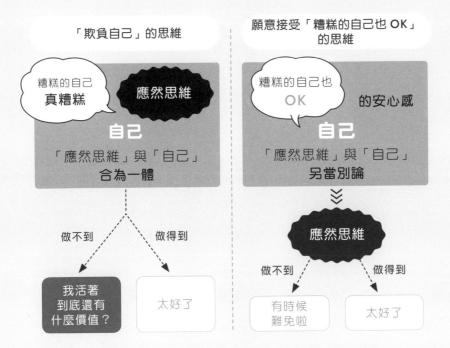

或許您會覺得：「事到如今才要接受糟糕的自己，會不會很難呢？」這一點請您不用擔心。

其實只要我們能體認「欺負自己的壞習慣」發生的原因，就在於「應然思維」，詛咒便會一點一滴地消失。

因此，在本書當中，我會介紹如何破解「欺負自己的壞習慣」，教您對付那些潛伏在人際關係、工作與日常等領域的負面想法。破解方法分為兩個步驟——步驟一：了解原因，步驟二：養成破解詛咒的心習慣。

## 步驟 1 了解原因

針對「欺負自己的壞習慣」，書中我會介紹一個極具代表性的發生原因。

**了解發生原因，我們就能客觀審視自己的煩惱或擔憂。**比方說，只要知道「我追求『完美主義』的個性，可能是在嚴格的小學教育中培養出來的」，就能將「完美主義的詛咒」和「自己的想法」分開來看待。如此一來，這個動作就能成為一個契機，讓我們開始覺得「就算失敗，好像也不需要太介意」。

我想有些人在讀過本書中所提到的原因之後，會認為「我的原因好像不是這些」。

若您懷抱著這種異樣感受，那麼只落實執行步驟二——養成破解詛咒的心習慣，其實也無妨。

## 步驟 2 養成破解詛咒的心習慣

若能做好自我分析，找出欺負自己的原因，那麼接著不妨就來試著培養破解詛咒的心習慣吧！

在這個段落，**我會介紹一些執行簡便的因應之道，以及改變意識的方法。**先了解「欺負自己的壞習慣」為什麼出現，再慢慢地養成新習慣，您的生活應該就會過得一天比一天更輕鬆自在。

# 為了接受糟糕的自己

在本書當中介紹的，是即使你我內心飽受煎熬時，仍能輕鬆做到的因應對策。不過，就因為它們輕鬆簡單，故在屬性上難免偏向應急措施。

前面提過，要從根本破解「欺負自己的壞習慣」，關鍵在於營造「糟糕的自己也 OK」的安心感。不過，安心感當然不是信手拈來就有。因此，**「將自己的人生經歷，編成一部生命故事」的工程，有助於蘊釀安心感。**

所謂的生命故事，就是根據以往的經驗，將自己從小到大的人生化為故事來訴說。

本書在第 1〜4 章當中，會帶各位回顧「欺負自己的壞習慣」形成的原因，進而切割「欺負自己的壞習慣」和「自己的想法」；第 5 章則介紹如何編擬生命故事，以便幫助各位對「欺負自己的壞習慣」提出根本的因應之道。

**找出某個負面想法發生的原因（過去），是一則短期的生命故事；若能更客觀地將自己的人生說成故事，那就會是一則長期的生命故事，能讓您與本書沒有提及的各種「應然想法」好好切割。**

建議您不妨先看看目錄，只挑有興趣的部分來讀也無妨。

只要您懂得善待自己的心，好好回顧過往，應該就能感受到那些「欺負自己的壞習慣」，一點一滴地解除。

衷心期盼拿起這本書來翻閱的您，能一天比一天過得更輕鬆自在。

# 內容目錄

第 1 章

## 潛伏在你心裡的
### 那些「欺負自己的壞習慣」

## 第 2 章

# 潛伏在人際關係裡的
## 那些「欺負自己的壞習慣」

## 第 3 章

# 潛伏在工作裡的
### 那些「欺負自己的壞習慣」

## 第4章

## 潛伏在日常裡的
### 那些「欺負自己的壞習慣」

第 5 章

# 「了解自己」的練習筆記

# 本書使用方法

欺負自己的壞習慣　令人擔憂或煩惱
的狀況

「欺負自己的壞習慣」
的發生原因與特點

破解「欺負自己的壞習慣」
的簡便因應之道，以及改
變意識的方法

其他因應之道或
心理學小常識

# 潛伏在你心裡的

## 那些「欺負自己的壞習慣」

# 01 一說真心話就掉淚時

## 明明不難過，
## 為什麼會不由自主地
## 哭起來呢……

在職場上、家庭裡，每當想開口說幾句真心話時，眼淚就掉下來，以致於被人白眼狠瞪、嗆聲怒罵，真痛苦……。我想應該有些人曾有過這樣的經驗，而且一想到自己「真是沒出息」、「有夠丟臉」、「太玻璃心了吧」，眼淚更是止不住，對吧？

沒關係。您既不是玻璃心，也沒有做任何丟臉的事。唯一可以斷言的是：您一直以來，都在為了旁人而努力，甚至已經努力到忽視自己感受的地步。您只是不太懂得如何關心自己的心情罷了。

那麼，究竟為什麼明明不難過，卻總在想開口說幾句真心話時，眼淚就掉下來呢？

## 步驟 1

### 了解原因

# 明明不難過，眼淚卻掉下來的原因

人這種生物，只要情緒一上來，就會感受到壓力。然而，我們並不是只有在難過悲傷或不甘心時，才會感覺到這股壓力的存在。舉凡體育好手在比賽中獲勝時，或你我觀賞電影、連續劇的感動時刻等，**這些「喜悅」和「感動」，其實也都是一種壓力反應。**

有一派説法認為，人會對這股壓力發動抑制作用，所以才流淚。換言之，明明不難過，眼淚卻掉下來的原因之一，是**「説真心話時的壓力太大」**。若長期承受這股無法説出真心話的壓力，人就會感受到更深的孤獨，進而陷入更無法説出真心話的輪迴之中，應特別留意。

在下一頁當中，我會介紹預防這個情況發生的因應之道，要好好學起來喔！

其實
我好想說出
真心話……

### 養成破解詛咒的「心」習慣

# 試著在社群網站或部落格等平台
# 寫出自己的感受

在社群網站或部落格等平台寫出自己的感受，能有效地讓自己習慣說出真心話。如果對於「被不特定多數人看到」覺得有些抗拒，那就申請一個不公開帳號，設定成只有自己看得到的狀態也無妨，**重點在於要將自己的感受化為語言、文字**。如此一來，您就能客觀地審視自己的感受，並減輕「說真心話」所造成的壓力。

建議您不妨從「**在日常生活中找出心情的細微變化**」開始做起，例如「前幾天看了一部電影，感動得忍不住哭了……」、「那家店的午餐真好吃」等。其他像是找值得信賴的朋友聊聊個人近況，或是寫日記等方法，也都很值得一試。

我的真心話啊！
奮勇跳進
網路這片汪洋吧！

# 再怎麼樣都不願哭出來時，
# 忍住淚水的方法

### 方法 01 刺激舌頭或身體

不妨試著給身體一些刺激，例如輕咬舌頭、捏捏手臂、手握拳再放鬆等。不過，這些終究只是應急。哭點較低的人，在實行這種方法時，要留意別養成習慣。

### 方法 02 深呼吸

人在即將泫然流淚時，呼吸會比平常淺。萬一眼淚真的快要掉下來，建議您不妨先拉長呼吸節奏，專心吐納，暫時先把注意力放在「呼吸」這件事情上。

### 方法 03 眨眼睛

眼淚是由眼尾上方的淚腺流出，再從眼頭下方一個叫「淚點」的地方排出到鼻腔。眨眼能促進眼淚從鼻腔排出，據說對於抑制淚水溢出眼眶具有一定程度的效果。

## 小結

　　雖說有時在公共場所哭，的確會引發一些困擾，但我其實很建議各位哭出來。養成在哭泣時傾訴的習慣，說出自己為何難過、想要什麼，就會變得比較容易控制自己的情緒。況且只要一流淚，大腦就會分泌療癒荷爾蒙一血清素，據說能讓人獲得近乎「一夜好眠」的療癒效果。建議您不妨善用眼淚，試著深入挖掘自己的情緒。

# 為什麼
# 我的想法
# 總是這麼負面……

　　有時候，我們會在動手做事之前，就先萌生負面想法，認定事情「一定不行」。然而，負面思考不見得都是壞事——因為人類具有「**負向偏誤**」（negativity bias）的特質，會優先關注負面資訊。

　　這個特質，可說是從舊石器時代就一直保護我們遠離凶險，不曾改變。要是我們隨時抱持樂觀思維，就無法處理意外狀況，更不會反省，甚至從經驗中學習了。

　　況且也有調查指出，懂得預期各種風險的負面思考，能讓人在工作上表現得更好。因此，與其要求自己別陷入負面思考，**其實更重要的，是懂得如何巧妙地運用它。**

步驟 1

## 了解原因

# 負面思考的原因

　　深受負面思考所苦的您，是從什麼時候開始意識到自己的想法很負面呢？被問到這個問題，或許您會想起某個關鍵時刻，例如「小時候被說過一些難聽的話」、「當年我搞砸了這件事」等等。

　　多數人往往認為，一個人的心態正面或負面，是來自後天的影響，但**其實遺傳的影響也很可觀**。有些人固然是因為低自尊，才導致後天的負面思考，但人的思考習慣要在一時半刻之間大翻轉，難度其實也相當高。

　　在美國密西根州立大學的一項實驗當中發現，對負面思考的人說「你要積極一點」，反而會讓他變得更悲觀。換言之，**再怎麼勉強自己正向思考，到頭來都會造成反效果。**

　　在下一頁當中，我會介紹一些接納負面思考，進而巧妙運用它們的訣竅，建議您不妨試試！

好想跳脫
負面思考的
泥沼！

## 養成破解詛咒的「心」習慣

# 客觀**地**看待負面**的**自己

　　當您陷入負面思考時，建議您別責備自己，試著用「哎呀，我變得好負面喔！」的觀點，從**客觀認識自己的感受開始做起**。

　　最簡單的方法，**就是在負面想法的最後，多加一句「我是這樣想的」**，例如「反正我這種人啊……我是這樣想的」。習慣了之後，不妨再試著將自己的想法改換成第三人稱，例如「現在，○○先生／小姐變得好負面喔」等，客觀地描寫自己的負面狀態。

　　有研究指出，在心裡用第三人稱說話，能讓大腦負責掌管情緒感受的部位活動降溫，放鬆心情。建議您養成習慣，先懂得察覺陷入負面思考的自己，再一點一滴地接受自己的負面感受。

萬一明天外星人
攻打地球，
該怎麼辦……
我是這樣想的。

# 睡前的負面思考是大忌

　　很多人會在睡前反省當天的種種，例如「今天發生了這件討厭的事」、「當時要是這樣做就好了」等等。然而，人的記憶會因為睡眠而在腦中扎根，**帶著負面思考入睡，會更容易想起不愉快的回憶**。喝悶酒也有強化負面記憶的效果，應特別留意。

　　因此，建議您在就寢前，不妨看看搞笑影片、聽放鬆的音樂、用精油或做做簡單體操、和朋友聊天，或是玩玩和 AI 聊天的應用程式等，保留一段讓自己**運用五感放鬆**的時間。

## 小 結

　　負面思考的人，其實也可說是危機管理能力和想像力特別突出的人。因此，若能不勉強自己正向積極，把負面思考化為自己的長處，只在睡前試著稍微控制，與這個特質和平共處，那就太好了。要和負面思考的自己妥協共存，的確需要花不少時間。不妨鼓起勇氣，慢慢地學著更善待自己吧！

# 為什麼
# 我想起的都是
# 這些討厭的事⋯⋯

　　人生中固然有喜有悲，但有時我們就是只會想起痛苦的回憶，對吧？想必也有人因為想起了這些痛苦回憶而沮喪，或是因為陷入自我憎惡而備感煎熬。不過，其實**人類都懂得忘卻痛苦回憶的技巧**。

　　根據英國劍橋大學麥可・安德森（Michael Anderson）教授的論述，**這一套遺忘技巧有兩個方法**。就讓我們運用這兩個方法，練習有意識地忘掉痛苦的回憶吧！

　　據說忘掉特定事物的能力高低會因人而異。不過，只要我們學會遺忘的技巧，應該就能活得更輕鬆自在。接著，我就要來詳細介紹這一套「遺忘的技巧」。

步驟 **1**

了解原因

# 痛苦記憶揮之不去**的**原因

為什麼痛苦的記憶揮之不去？這個問題，**和人體內掌管大腦運作的「杏仁核」與「海馬迴」有關**。杏仁核是製造情緒的地方，據說當人類感受到不安、恐懼時，就會活化它的運作。

至於海馬迴則是與記憶、學習能力有關，負責蒐集來自五官的資訊。海馬迴的抗壓力很低，一旦受創，功能就會下降，導致記憶力變差。杏仁核與海馬迴相鄰，兩者會相互連動，故**當我們感到不安、恐懼時，會活化杏仁核的運作，於是海馬迴便處於壓力狀態，進而讓人想起痛苦的回憶**。在海馬迴功能變差，使得記憶力衰退時，人會分不清這些事究竟是發生在過去或現在，因而覺得就像是當下正在經歷它們似的。

換言之，**想起痛苦回憶的真正原因，在於「大腦」**。所以痛苦記憶會揮之不去，其實並不是「心」的問題，而是大腦和身體的運作使然。

可惡！
我不要再想起這些事了！
快給我消失！

養成破解詛咒的「心」習慣

# 打造一個關掉記憶的開關

「可惡！我不要再想起這些事了！」「快給我消失！」當我們越是想用情緒壓制痛苦回憶，越會對大腦造成壓力，以致於想起更多不愉快的回憶。換句話說，用情緒壓制會造成反效果。因此，我們要祭出和情緒無關的「行為」，來制止痛苦回憶湧現。

當您腦中又想起痛苦的回憶時，**不妨試著唸唸「阿布拉卡達布拉」這句咒語，或做做舉手、拍手等動作。**這一招名叫「直接置換」，是遺忘技巧的方法之一。

像這樣為自己打造一個關掉記憶的行為開關，就能慢慢地與痛苦的記憶劃清界線。

阿布拉卡達布拉……
阿布拉卡達布拉……
（痛苦的記憶啊，
給我全都消失！）

# 練習將痛苦回憶轉為正向記憶

想起痛苦回憶時，其實都有一些契機，會發展成回憶翻湧的導火線。比方說，以「每次看到綾波零[1]就想起前女友」為例，**「綾波零」就等於是「想起痛苦回憶的導火線」**。

這時，我們就要把「綾波零」這個導火線，轉換成「我很支持的角色扮演者」，也就是一個對自己而言很積極正向的人物，而不是「我的前女友」。這一招是**將導火線抽換成其他正向人物**，我們稱之為「想法置換」，是遺忘技巧當中的另一個方法。

當然有些導火線是屬於下意識的。不過，只要有任何已知的導火線，都建議您試著多做這個練習，也能看得到效果。

[1] 日本動畫作品《新世紀福音戰士》的女主角之一，角色設定為 14 歲。

## 小 結

　　以上就是「遺忘技巧」當中的兩個方法。有沒有看來值得一試的選項？儘管要消除所有痛苦回憶，難度確實很高，但我們都希望能不被過去擺佈，過平靜安穩的日子，對吧？如果想起痛苦回憶已經影響您的日常生活，或身體因此而出現異狀時，請立即聯繫專家或諮商心理師，直接尋求他們的協助。期盼各位的痛苦回憶，都能一點一滴地消失。

# 04

每天都提不起勁時

# 我沒什麼想做，
# 也沒什麼會做的。
# 這樣活著到底還有什麼價值？

　　「明明已經拚了命地努力，卻沒看到半點成果」、「明明已經竭盡所能地為對方付出，卻沒得到半點回饋」。

　　在人生路上，我們有時不免會像這樣，覺得自己「好無力」，陷入對任何事都提不起勁的軟爛狀態。

　　陷入這種軟爛狀態的人，恐怕是已經在工作、讀書或戀愛等方面太拚、太衝了吧？**長期承受無從逃脫的壓力，會讓我們的心疲乏不堪，最後便不再努力掙扎**。拚命努力固然很好，但若因此而壓力太大，最後淪於軟爛，那可就太得不償失了吧？

　　接著，我要介紹容易淪於軟爛狀態的人會有哪些特徵，以及避免軟爛的因應之道。

步驟 **1**

## 了解原因

# 易淪於軟爛狀態的人，
# 會有哪些特徵？

**特徵 01** **睡不好的人**

大腦在睡眠過程中會分泌血清素、多巴胺和腎上腺素等物質，它們都會影響人的幹勁。因此，忙碌的工作、家事打亂睡眠循環，或沒有好好睡覺時，人就特別容易覺得有壓力，因而更容易陷入軟爛狀態。

**特徵 02** **完美主義者，或想當好人的人**

這些人往往不擅接納自己的缺點，看待事物的標準偏高。因此，當他們無法達成自己訂定的目標時，就會責備自己。很多案例都是因為在這樣的壓力累積之下，最後陷入軟爛狀態。

在下一頁當中，我會介紹一些因應之道，幫助各位跳脫軟爛狀態。

為什麼會這麼
提不起勁？

## 養成破解詛咒的「心」習慣

# 刻意認真地偷懶

　　跳脫軟爛狀態的關鍵，在於懂得如何「**認真地偷懶**」。在完美主義者當中，很多人都抱持著「偷懶＝壞事」的印象。然而，其實**偷懶並不是壞事，它能讓我們累積已久的壓力歸零，是一個很重要的動作。**

　　再者，明確區分「努力」與「偷懶」的節奏，能讓我們更有計畫地安排「休息到什麼時候」、「什麼時候再開始努力衝刺」。

　　偷懶時，就別再想任何讀書或工作的事。

　　悠閒地泡個澡，或專心經營興趣也不錯。

　　有意識地保留這樣的時間，**就能培養出接納自己、善待自己的心態，也比較不容易陷入軟爛狀態。**

今天要認真地偷懶，
明天開始要認真做事。

# 多留意微小的成功經驗

還有一個方法，可以讓我們不那麼容易陷入軟爛狀態，那就是「**嘗到成功經驗**」。這裡所說的成功經驗，即使是小事也無妨。

比方說整理桌面，出清用不到的東西，或只是讀一頁書等等。建議您擬訂一個自己應該可以達到的目標，並試著達成。

累積這種「**個人行為帶來某些成果**」的經驗，就能創造一個慢慢找回自信的機緣，後續也比較容易對新事物感興趣。

**小 結**

完美主義者，或想當好人的人，代表你處事認真、拚命努力。這固然是一件好事，但要是因此而陷入軟爛狀態，我們就會覺得自己是在浪費人生，備受煎熬，對吧？

你我在人生路上，難免都會有陷入軟爛狀態的時期。越是這種時候，越要懂得明確區分「努力」與「偷懶」的節奏，並善待自己的身體和心理，好好地活下去。

被煩躁擺佈時

# 為什麼我就是
# 無法控制自己的憤怒？

「發生了一些讓人滿肚子火的事，所以我才會把氣出在人和物品上」、「只要一煩躁起來，就會一直被影響，無法專心處理工作或家事，晚上也睡不著」。

您是否也曾因為無法克制憤怒情緒，而大傷腦筋的經驗？

然而當事過境遷、冷靜下來之後，很多人往往都會感到自責，甚至還懊惱不已，覺得「為什麼我會為了這點小事生氣？」對吧？

我們很難讓自己活得沒有半點憤怒情緒，但**只要學會控制憤怒的方法，應該就能減少與人衝突、或被煩躁情緒糾纏的時間浪費，放下緊繃，自在生活。**

接下來，我就要來介紹憤怒的運作機制，以及控制憤怒的方法。

了解原因

# 憤怒的運作機制

　　一般人往往會認為「憤怒」是一種負面情緒，但它其實也是人類生存不可或缺的情緒。心理學上認為，「憤怒」是「**人類用來保護自己的一種情緒**」。

　　在憤怒當中，其實還帶有悲傷和不安等情緒，人只要活著，這些情緒就會逐漸在心裡累積。不過，每個人的心都有容量上限，所以當情緒超過心所能承受的上限時，憤怒就會以「向別人咆哮」、「動手」等形式，向外宣洩。

　　不過，就算我們的憤怒已經累積到上限，也不見得一定會有合適的機會來表達。如此一來，壓力就只能不斷地累積，於是身體或心理出現不適的機會也就隨之升高。換言之，**人可以說是透過宣洩憤怒來維持身心健康**。

　　這裡談的「控制憤怒」，其實並不是抑制怒氣，或許說是「巧妙宣洩怒氣的方法」會更貼切。在下一頁當中，就讓我們一起來看看面對怒氣的具體因應之道。

　　該怎麼做才能
巧妙地宣洩怒氣？

## 養成破解詛咒的「心」習慣

# 憤怒**要盡可能**具體**地**宣洩**出來**

　　要向他人表達自己的憤怒時，我們總是一不小心就想開口説出「離譜」、「火大」等詞彙。可是，**光用「離譜」、「火大」等抽象詞彙，對方很可能無法理解我們「為什麼生氣」，甚至還會引發衝突。**

　　懂得盡可能具體地表達自己的憤怒，才是關鍵。比方説，**我們可以試著冷靜地告訴對方「我對哪些事感到憤怒？」「我希望對方怎麼處理」。**

　　如此一來，我們就能好好整理自己的心情，壓力就不會那麼容易累積，對方也比較能了解我們的想法，讓人際關係變得更圓融。

我的偶像太棒了！
我喜歡他喜歡到都抓狂了！！
只要他好好活著，
我就心滿意足了。

## 眼看著怒氣就要爆發時的因應之道

**因應之道 01　分散注意力**

憤怒一發不可收拾時，不妨先把注意力轉移到別處。建議各位不妨想想數字，倒數 8、7、6⋯⋯，或是閉上眼深呼吸。多花一點時間慢慢吐氣，副交感神經就會居於優勢，讓人比較容易放鬆。

**因應之道 02　刺激五感**

若因應之道「分散注意力」的效果不彰，就強制阻斷憤怒吧！您可以聞聞喜歡的香氣，或專心找找牆上有哪些汙漬，效果也不錯。像這樣充分運用五感，就能把注意力從憤怒上移開。

### 小 結

憤怒是我們無法從人生中切割出去的一種情緒，所以知道如何巧妙地宣洩怒氣，進而與憤怒和平共處，是十分重要的。試著盡可能具體地表達自己的憤怒，您自己和周遭的人應該都會逐漸改變。

不過，我想難免還是有些場合不宜宣洩憤怒。到時候就請您試試以上這些因應之道吧！

# 06

太在意周遭眼光時

# 為了不被任何人討厭，
# 只好盡可能配合旁人

每個人或多或少都會在意旁人的眼光，對吧？若是在學校、公司等社會組織中生存，顧慮「別人怎麼看待我」更是一個重要的課題——畢竟我們難免要和他人共處，因此如何站在對方立場，來安排自己的服裝儀容或表示同感，是你我建立人際關係時的關鍵。

不過，太在意周遭的眼光，會讓我們很難說出自己的意見，或為了展現合群，而過於小心翼翼地迎合旁人，弄得心力交瘁。這種類型的人，**會把「不想被別人討厭」、「不想挨罵」的情緒放在第一位，以致於必須「忍住不說自己的意見」**，在心裡把自己逼得走投無路。

接下來，我就要來介紹「過於在意旁人眼光」的原因，以及相關的因應之道。

步驟 **1**

## 了解原因

# 在意周遭眼光**的原因**

總是太過在意周遭眼光的人，都有一個共通點——**就是小時候在被父母或旁人嚴格評斷行為優劣、過度干涉的環境下成長**。比方説，有些人的童年回憶，應該是只要考試沒考100分，就會受到責備，被罵説「明明就能做到，怎麼這麼不成材？」之類的吧？

在這樣處處受限的環境下長大，不曾展現自我的人，就會認為「別人都在對我打分數，都會傷害我」。他們為了避免被旁人傷害，便在心裡養成一種隨時苛求自己的習慣。這種**「非做～不可」的成見，在心理學上我們稱之為「心理驅力」**（driver）。心理驅力越強大的人，就越是會在意周遭的眼光。

那麼，究竟我們該如何拋開這種心理驅力呢？

──────── 關鍵字 ────────

### ❱ 心理驅力

由心理學家泰比・卡勒（Taibi Kahler）所提出的論述，是一種強迫孩童做出某些行為的訊息。目前已知驅力可分為五種，包括「要完美」、「要努力」、「要趕快」、「要討好」和「要堅強」，都是受父母或周遭大人的言行影響而形成。

## 養成破解詛咒的「心」習慣

# 關注自己當下的心情

「非做～不可」的驅力發酵時，都是處於「要是我不這樣做，說不定會被他罵」、「要是我這樣做，他可能會說我的壞話」等想像，也就是意識聚焦在未來的狀態。

換言之，「在意周遭眼光的狀態」，可說是處於「**對一個用既往受傷經驗堆疊出的虛構對象耿耿於懷**」的狀態。

用「非做～不可」來苛求自己，或許可以暫時避免受傷，但還是建議您：不妨慢慢**養成關心自己當下心情的習慣，問問「現在的你想怎麼做？」並隨自己的心聲採取行動**。

不再介意
腦中那個人
下達的指令

# 有效聚焦在自己
# 當下心情的冥想

冥想往往給人一種不科學的印象，但在科學上其實已經確知大腦結構是會變化的。根據美國哈佛醫學院的研究指出，每天進行一次冥想，**每次平均 27 分鐘，連續執行 8 週後，大腦當中與自我認知相關的區域，密度竟有顯著提升。**

這種冥想的操作方式很簡單。首先，請您先在放鬆狀態下坐好，端正姿勢。接著再閉上眼睛，吸氣 5 秒，再吐氣 5 秒，並試著將意識聚焦在呼吸上。此時，您可不必勉強大腦放空。萬一開始分心想其他事，就再試著專心呼吸吧！

請您持續操作看看，
就算每天只做個
1 ～ 5 分鐘也無妨。

## 小 結

法國哲學家蒙田（Michel Eyquem De Montaigne）曾說：「真正的幸福，不是成為旁人看來『好像很幸福』的人，而是自己要能切身感受到『我很幸福』的人。」即使因為在意周遭眼光，而硬是裝出一副幸福的模樣，內心恐怕很難真正感覺幸福。建議各位不妨拋開驅力，活出忠於自我感受的人生。

# 會這麼孤獨，
# 是不是因為我的長相
# 或個性有問題？

與人互動減少，或長期獨來獨往，有時會讓人覺得孤獨突然襲上心頭，擔心自己「會不會就這樣孤老終生？」這時，如果我們再責怪自己，懷疑**「會這麼孤獨，是不是因為我的長相或個性有問題？」**就會更放大心中的不安。

不過，有些人即使獨來獨往，也不覺得有任何值得不安之處。比方說 A 覺得「我無法想像一輩子單身的孤獨人生」，B 卻認為「獨居既自由又舒服」。

人對孤獨的感受就像這樣，可說是天差地遠。然而，只要掌握「容易覺得孤獨的人具備哪些特徵」，就比較容易想到適合自己的孤獨排遣方法囉！

## 了解原因

# 容易覺得孤獨的人，具備哪些特徵？

**特徵 01** ｜ 深信「自己與眾不同，特立獨行」的人

認為自己很特別，就能斬斷與他人之間的連結，達到保護自己的效果。不過，越是保護自己的品牌或形象，越是容易感到孤單寂寞。

然而，每個人都有與眾不同的面向，也有和人共通的地方，對吧？要遇見100％臭味相投的人，難度固然很高，但應該可以找到「某個部分還滿有默契」的對象。要讓自己不那麼容易陷入孤獨狀態，關鍵在於「聚焦彼此共通點」的心態。

**特徵 02** ｜ 戴著偽裝與人往來的人

比方說您其實個性活潑開朗，很容易與人打成一片，但有時在學校或職場上，必須偽裝自己，扮演文靜的角色。當然每個人難免需要視情況隱瞞真心話，或在當時的情況下扮演必要的角色，但要是變得只能用「偽裝的自己」與人往來，那麼就很容易在迎合他人的過程中讓真正的自己落單，因而備感孤獨。

要是身邊有家人、朋友或交往伴侶等對象，能讓您真正做自己，那倒還無妨。萬一身旁沒有這樣的對象，不妨試試下一頁介紹的因應之道吧！

該怎麼做才能活得不孤獨⋯⋯？

43

### 養成破解詛咒的「心」習慣

# 試著擁抱布偶或抱枕

　　與人擁抱可增加有「愛的荷爾蒙」之稱的催產素（oxytocin）分泌。然而，其實**擁抱布偶也有同樣效果**。

　　催產素不僅能緩解孤獨和不安，還能讓人感到幸福。因此，當令人難以招架的孤獨襲上心頭時，不妨試著緊抱任何可以擁抱的物品，例如玩偶或抱枕等。而有養貓、狗的人，抱抱牠們也能發揮同樣的效果喔！

如果對象是玩偶，
還可以試試令人嚮往的
背後擁抱

## 為什麼和別人在一起還會覺得孤獨？

「明明正在和朋友說話，為什麼還會感到寂寞？」「身處在人群中，卻覺得自己是孤伶伶的一個人。」孤獨絕不是只有在獨處時出現，和別人在一起時也會感到孤獨。

美國麻省理工學院在一項研究當中，找出了大腦裡和產生「孤獨」感受有關的區域——它就是所謂的「背側縫核」（dorsal raphe nucleus）。

從研究中得知，人類一旦陷入孤立狀態，就會活化背側縫核，而且就算日後重新回到群體裡，它仍會持續活化。

換言之，我們可以這樣說：當我們感到孤獨時，如果還勉強和他人共處，只會更促進孤獨感的滋長，應特別留意。

> **小結**
>
> 雖然前面提到深信「自己與眾不同，特立獨行」的人，或戴著偽裝與人往來的人，特別容易感到孤獨，但孤獨感其實也可以說是一種提醒機制，提醒我們自己懷抱著「其實很想與人有所連結」的情緒。期盼您可以放膽說真心話、展現真我，就算是慢慢改善也無妨。

# 08 戒不掉完美主義時

# 做好這點小事是應該的！
# 凡事都要
# 做到完美才行！

「做好這點小事是應該的」、「凡事都要做到完美才行」、「絕不能出錯」。

完美主義者不管做什麼事，都會被諸如此類的念頭控制。其實他們心中，有時也會覺得「真想活得輕鬆一點」，對吧？

「懷抱遠大的理想」一點也沒錯。只不過理想太遠大，會對自己造成不必要的負擔，非常危險。

心理學上認為，**「理想與現實」落差越大的人，越容易罹患憂鬱症。**

那麼，究竟該如何放下完美主義呢？

## 步驟1

### 了解原因

# 容易追求完美主義的人，
# 具備哪些特徵？

　　要放下完美主義，就要先來想一想：為什麼自己會變得這麼完美主義？箇中原因固然因人而異，但據説以往曾被周遭親朋好友要求必須完美的人，或曾因為失敗而被罵得狗血淋頭的人，比較容易追求完美主義。

　　曾處於上述這種狀態的人，多半沒有培養出自我肯定意識，**對自己沒自信，所以做得再好都不滿意，對完美的追求永無止盡**。因此，只要**做得越多，他們的不安就跟著膨脹，心願也越來越大**。而就是這樣的思維，催生出完美主義的詛咒。

　　在下一頁當中，我就要來介紹破除這種詛咒的方法。

唉……不管再怎麼做，
就是一點都不滿意！

## 養成破解詛咒的「心」習慣

# 與其老是在意理想，
# 不如試著聚焦及格標準

完美主義的人，**往往會設定出連自己都不知能否做到的個人原則（理想）**。

追求超越個人 100％水準的理想，失敗機率也會隨之上升。因此，若只一昧依循個人標準，就會活得越來越痛苦。

想避免用完美主義的詛咒來折磨自己，就要先了解「及格標準」究竟落在哪裡。衡量個人能力與當天的身體狀況，預設一個「只要能做到這裡就好」的**低標，就能減少只被個人標準綁架的情況**。就像這樣，養成讓思考方向朝下的習慣，是破除完美主義魔咒的第一步。

很好！
今天也活得
好好的。

# 練習接受「及格就好」

一直以來，我們若長期受到個人「最高理想」的箝制，突然要開始接受「及格就好」的標準等級，一時之間恐怕會有困難。因此，當我們快被個人標準綑綁時，不妨試著**在大腦裡練習反駁**。

比方說，當您心想「考試一定要考 100 分才行」時，關鍵就在於要懂得**設定誇張的「未達標情形」**，例如**「考試沒考 100 分，地球就會滅亡嗎→並不會」**等。面對自己時要常保幽默，如此一來，「個人原則」的觀點就會開始改變，心境也會變得越來越從容。

只要我的考績
稍微差一點，
就會被公司開除→
絕對不會……應該不會吧？

**小結**

完美主義並不是壞事，自己的理想和標準，也很值得重視。不過，如果因為理想太崇高而讓心情受折磨，或賠上健康時，建議您不妨力行這裡所傳授的因應之道，同時也拿出「有時或許可以不用那麼完美」的心態，來面對自己的及格標準，慢慢地練習接受它。

# 09

一點小事就緊張時

# 不能緊張！
# 給我冷靜下來⋯⋯

　　自我介紹、做簡報或考試⋯⋯這些事都很讓人緊張，對吧？不過，在關鍵時刻緊張，是很理所當然的事——它證明了我們想做到盡善盡美，懷抱著「一定要做好」、「要把話說得精彩才行」的心態。我們總是這麼全力以赴，真的很了不起！

　　不過，想必應該有很多人覺得：「要是一直這麼緊張，根本無法發揮自己真正的實力」，於是他們便告訴自己「不能緊張」。有研究發現，**在緊張時還想著「給我冷靜下來⋯⋯」，其實會導致緊張加劇，造成反效果。**

　　那我們究竟該怎麼做才好呢？這裡我就要來介紹緊張形成的機制，以及現在馬上就能嘗試的簡單妙方。

**步驟 1**

<u>了解原因</u>

# 人為什麼會緊張？

如前所述，當我們越是認為「一定要做好」的時候，就越會緊張，對吧？新手或練習不足的人，特別容易緊張，是因為**他們心目中「理想的自己」，和「糟糕的自己」並不一致。**

當我們為了扮演「理想的自己」而勉強掩飾緊張時，焦點更是只投注在自己身上。這份自我意識，又更加深了我們的不安；而不安越深，臉紅、發抖等身體反應就會更激烈⋯⋯到頭來腦中就會變得一片空白，或連話都說不清楚，陷入惡性循環。

如此一來，就會更強化「我很容易緊張」這個「糟糕自己」的印象。這時，不妨試著接受「糟糕的自己」，並練習將它轉換成「還不壞的自己」。

啊⋯⋯
萬一失敗
該怎麼辦？

養成破解詛咒的「心」習慣

## 調整對情緒感受的解讀

　　美國哈佛大學商學院在一項研究中，請受試者在考試或演講等令人緊張的情況下低聲唸誦各種短句，發現**唸誦「我很興奮」（I am excited），最能有效緩和緊張情緒**。

　　這是藉由改變自己對情緒感受的解讀，以降低負面情緒的一種方式，名叫「認知再評估」（cognitive reappraisal）。當我們萌生不安與激動等情緒感受時，大腦也會出現幾乎相同的認知。因此在緊張時，就可以反過來利用這樣的特質，刻意**說出「我很興奮」，把緊張所帶來的不安感受，化為「開心有趣」或「挑戰」之類的期待心情**。

> 我很興奮！
> （滿心期待）

# 速成！
# 緩和緊張的方法

**方法 01　活動身體**

緊張時，交感神經會變得比較活躍，讓身體處於備戰狀態，這是人類自然的防禦本能。要自己「不緊張」的確很困難，但心理和身體畢竟是一體兩面，因此不妨試著先舒緩身體的緊張吧！做些伸展的動作，例如高舉雙臂，或稍微仰頭向上、移開視線等，心情上的緊張也會隨之緩解。

**方法 02　把注意力放在其他地方，和他人分享這份緊張**

人一緊張起來，就會滿腦子想著「別人怎麼看待我」。這時候，不妨專心地把注意力放在自己以外的其他地方——可以「看看觀眾身上穿的衣服」，或是乾脆主動向周遭的人坦承自己的不安，說「其實我很緊張」、「要在眾人面前說話還真是緊張呀」，都很有效。

## 小 結

　　「老是在正式上場時搞砸……我這個人真是沒救了。」會這麼沮喪，也證明您就是這麼認真看待眼前的事。不過，您大可不必認為「絕對不能緊張」、「一定要掩飾到底」，畢竟適度的緊張，是幫助我們要拿出最佳表現的關鍵。建議您不妨把緊張或不安情緒，轉換成「開心有趣」或「挑戰」之類的期待心情，或活動一下筋骨，讓情緒助您一臂之力。

# 我是不是
# 活得不夠精彩？

　　一天到晚都被工作、家事追著跑，就會覺得自己每天都在重複做同樣的事，日子過得很乏味，對吧？即使做足了充分的休息，還是會發現自己以前熱愛的那些興趣，現在做起來一點也不開心，或對新事物完全提不起勁。

　　然而，**會覺得日子過得很乏味，並不是因為您懶惰，而是代表您已經把能做的事都做完了**。或許您會認為：「不不不，我什麼都沒做啊？」可是，當初您應該費了很大一番工夫，才適應現在這樣的生活吧？人的大腦很擅於把眼前的事做得更有效率，如果放任它不管，事情很快就會變成例行公事。因此，萬一您覺得日子每天都過得很乏味，也不必責備自己。

　　讓我們慢慢地給大腦一點刺激，找回充滿活力的感覺吧！

**步驟 1**

## 了解原因

# 大腦與欲望的關係

人的大腦最喜歡尋求新的刺激、經驗，以及讓這些新鮮事自動化。舉例來說，小時候我們練習騎腳踏車時，起初會一直跌倒，但久而久之，應該就學會該怎麼騎，而且不必刻意動腦思考就能辦到。就像這樣，一旦大腦將我們的行為化為固定模式後，身體就會自動運作，不必刻意為之。

然而，假如我們的興趣是「看電影」，但大腦中「享受電影樂趣」的區塊長期得不到新刺激時，它對「尋求新刺激」的欲望就會減弱。

換言之，**會覺得日子過得很乏味，是因為我們正處於「欲望被大腦深鎖」的狀態。**

不過，請您放心。只要有一點機緣，就能讓欲望復活。

日子過得好平淡無聊……

## 養成破解詛咒的「心」習慣

# 用「正確的無聊」來累積能量

想解放大腦裡的欲望，不妨讓自己「什麼都不做」，給自己一些「正確的」無聊時間。**有了這種缺乏刺激的放空時間之後，大腦就會試著創造出一些刺激。**建議您不妨試試以下這兩招：

### ❶ 一天不上社群網站

對大腦來說最要不得的，就是在應該放鬆的時候，讓意識不斷跳動。如果一直瀏覽會讓注意力於各式資訊之間流轉的社群網站，大腦很容易疲勞。建議您不妨每週安排一次「社群暫停日」，要是真的做起來太困難，至少在休息空檔、搭車移動時別滑手機，刻意讓自己「什麼都不做」。

### ❷ 做一些不必專心的事

試著每天至少撥出 5 分鐘，安排一個「不必專心的休息」，在沙發上閉目養神，或在附近散散步都好。這樣生活就會張弛有度，也比較容易找回內心的欲望。

現在是為了幫助我找回欲望的恢復期

## 用行為刺激大腦的方法

　　其實一些簡單的小動作，也能帶給大腦新的刺激。例如有一派說法認為，**只要用一下非慣用手，就能刺激腦中負責掌管需求的神經，讓我們更容易找回心中的想望**。

　　如果慣用手是右手，就請您用左手；如果慣用手是左手，就請您用右手——試著用非慣用手刷個牙、操作電腦滑鼠，或開個門吧！

> 要多用小動作
> 刺激大腦喔！

### 小 結

　　會覺得日子乏味的，很多都是從小就乖巧聽話，認真努力的人，一點都不懶散。正因為這些人在某一件事情上太過努力，所以在其他方面的欲望就減弱，才會感到乏味。不過，要找回需求其實並不困難，只要慢慢地給大腦一點刺激，沉睡的欲望應該就會甦醒。

## 11　無法適應新環境時

# 為什麼我
# 適應環境的能力
# 會這麼低……

入學典禮、找工作、換工作……當我們要投入一個新環境時，心情總會很忐忑，對吧？想必也有很多人因為擔心「萬一適應不了新職場怎麼辦？」「要是交不到朋友怎麼辦？」而大感不安，導致身體出狀況、鬱鬱寡歡等。

**人會因為環境的變化，而感到相當程度的壓力**。有些人能享受這份壓力，有些人則會被不安情緒吞沒，怕「萬一把事情搞砸了該怎麼辦？」不擅面對新環境的人，絕大多數都是屬於後者。據說**不習慣接受挑戰或失敗，會降低大腦的靈活度，讓人難以因應變化**。

在下一頁當中，我會更詳細地說明人為什麼會害怕面對新環境。

步驟 **1**

## 了解原因

# 人為什麼會害怕新環境？

　　新環境是個未知的世界。有時以往的經驗完全派不上用場，所以很容易把事情搞砸而「吃虧」；但有時則會獲得新知或益友，因而從中「得利」。

　　不過，**相較於得利，人往往會先設法避免損失**，因此在面對環境變化或未知時，大腦就會承受龐大的壓力。而大腦想逃避「壓力」這個劣勢狀態，所以當然就會對環境變化感到抗拒。

　　此外，一般認為，**當我們覺得環境變化造成的損失相當慘重時，就會變得很焦慮，以致於觀點無法保持客觀**。因此，只要環境出現變化，即使實際情況沒那麼嚴重，大腦還是會倍感壓力。

不能逃避……
不能逃避……

## 養成破解詛咒的「心」習慣

# 打造一個堅定不移的心盾

　　如前所述，人對新環境所感到的不安，是在適應變化的過程中，對大腦造成的壓力所引起。因此，我們就反其道而行，來打造一個不變的部分吧！

　　比方說在通勤、通學途中，可以聽聽長年喜愛的音樂、玩玩鍾情多年的電玩遊戲，把平常吃的零食偷帶進公司或學校，或穿戴上自己喜愛的服裝、飾品。像這樣**為自己打造一個不管環境如何變化，都堅定不移的「心盾」，就能減輕環境變化對大腦所造成的壓力。**

　　尤其就寢、起床時間的改變，還很容易影響健康，所以要多提醒自己盡可能避免變動。

不論環境如何變動，
我都會用
這個盾來抵擋！

# 速成！
# 如何面對新環境裡的壓力？

**方法 01 凡事三思而行**

面對不安時，與其選擇逃避，不如研擬對策，採取行動，大腦比較不會感到壓力。重點在於要懂得提醒自己：把過去為適應新環境所採取的行動寫出來，主動出擊。

**方法 02 做好最壞情況的打算**

接著，不妨想想「在新環境當中有什麼隱憂？」「萬一這些隱憂成真，該如何因應？」舉例來說，如果最可怕的是「被解雇」，那麼只要您可以想到「萬一被解雇，就馬上辦失業保險手續，再去找工作」之類的具體對策，心情應該就會輕鬆一點。

## 小 結

　　每個人都會對新環境感到不安，因此，即使對新環境感到恐懼，也不必責怪自己。您不是「恐怕做不到」，只是「還沒做到」而已，不必擔心自己不完美。

　　因為即使是對新環境懷抱著不安的這個當下，您還是在穩健地成長。

嫉妒他人時

# 他那麼厲害，
# 相形之下，
# 我根本什麼都不行嘛……

嫉妒的心情真的讓人覺得很難受，對吧？況且很多人都有「會嫉妒是因為這個人不夠成熟」的印象，所以往往更讓我們在心生嫉妒時責怪自己。不過，其實嫉妒是人人都有的原始反應，所以希望您別苛責那個會嫉妒別人的自己。

儘管「嫉妒」給人一種負面的印象，但其實它也有優點，就是能讓我們「**明確地知道自己想要什麼**」。比方說毫無繪畫經驗的人，看到別人很會畫畫，應該會覺得「我好羨慕他在繪畫上的才華」吧？換言之，會**由衷感到「好羨慕」**，很可能**是因為我們也想得到同樣的東西**。

接下來，我要介紹一套與嫉妒和平共處，同時也面對自己內心的方法。

步驟 **1**

## 了解原因

# 人為什麼會嫉妒？

在心理學上認為，**「嫉妒」源自於我們擔憂自己擁有的東西，「會不會有人來搶？」的不安。**尤其是當我們只懂得透過「和別人比較」來判斷自己的價值時，就會因為別人受肯定，而覺得原本該給自己的那些「肯定」被搶走了。

假設我們在工作上傳授了一些待客心法給後進，日後這位後進運氣很好，獲得公司表揚。在為後進感到高興的同時，想必也有些人會心生嫉妒，覺得「我都還沒被表揚過，為什麼是他？」要是我們有其他強項，那還另當別論。如果我們就是把自己在服務客人方面的評價，當作自我認同的依歸，那麼嫉妒心恐怕還會更強烈。

換言之，所謂的嫉妒，其實是**當我們自認為應得的好處落入他人手中時，想把它喚回身邊的一種原始心態。**

這種鬱悶的心情，
究竟是
怎麼回事……？

養成破解詛咒的「心」習慣

# 接受嫉妒心態，
# 釐清「想要的東西」

要與嫉妒心情和平共處，首要關鍵就是先**接受嫉妒他人的自己**。

誠如本項開頭所述，「嫉妒」這種心態，是在對方擁有我們想要的東西時，才會湧現。先接受它的存在，再試著將這種負面情緒，當作是一個思考的良機，想想**「需要什麼、或該怎麼做，才能得到自己想要的東西」**。

除此之外，若能再想想「為什麼想要」，有時就會發現我們「其實並沒有那麼想要」，便能緩和妒火，心情也會變輕鬆喔！

我真的有那麼想要
這些東西嗎？

# 該怎麼努力，
# 才能爭取到「想要的東西」？

**❶ 縱向**

深耕和嫉妒對象相同的領域。

例 嫉妒業績比自己好的人，就在業績表現上超越他。

**❷ 橫向**

回想自己的初衷，透過其他能善用個人優勢的方法來努力。

例 雖然嫉妒那些業績比自己好的人，但選擇編寫一份讓大家都能拿到平均分數的標準作業手冊。

如果每個人都可以竭盡所能地努力，放下其他執著就好了，對吧？

---

**小 結**

人的情緒感受本來就沒有所謂的好壞，就像每個人都會嫉妒一樣。重點在於要如何妥善運用這樣的情緒，如此而已。嫉妒的能量越強大，那麼當它轉為正向推力時，效果也就越顯著。因此，若您覺得嫉妒別人，請先接受自己的嫉妒心態，試著從「了解自己想要什麼」開始做起吧！

# 反正還不都是客套話……
# 況且我根本
# 不是那種人

受人稱讚時，大家多半會覺得很開心吧？然而，我想也有些人總是無法坦然接受，覺得「反正還不都是客套話」、「我根本不是那種值得稱讚的人」等等，對於如何反應大感困惑。

不過，一個連招呼都不打的人，總不能對他說「你的溝通能力很好」吧？換言之，會**「受人稱讚」**，證明您或多或少具備一些給人好感的元素。「受人讚美也要懂得虛心以待」不僅被視為日本人的美德，又能展現我們的謙虛，是與他人建立關係時的重要技能。然而，在我們心中，其實都是想坦然接受的吧？

接下來，就讓我們來練習如何坦然接受「讚美」吧！

## 步驟 1

### 了解原因

# 不喜歡受人稱讚的原因

　　儘管每個人無法坦然接受他人讚美的原因各有不同，但數量最多的，其實是認定**「我這麼差勁，怎麼可能被稱讚」的成見**。比方說小時候考試考了 90 分，滿心歡喜地拿給父母看，卻挨了一頓罵，說「怎麼沒考到 100 分？」如此一來，**「全力以赴也得不到肯定」的經驗，就會在我們心中扎根**，對吧？

　　長期累積這樣的經驗之後，就會對自己沒有自信，自我評價也越來越低，以致於**害怕別人所給的任何評價**。

　　然而，如果對方是真心覺得我們優秀才出言讚美，而我們卻只會負面解讀這些讚美，不是很可惜嗎？在下一頁當中，我要介紹一些接受讚美的小訣竅，讓稱讚者和受稱讚者都能皆大歡喜。

受人稱讚時，
該怎麼回應才好？

### 養成破解詛咒的「心」習慣

# 打造一個讚美撲滿

如前所述，會「受人稱讚」，證明您或多或少具備一些給人好感的元素。所以，建議您不妨在心裡打造一個「讚美撲滿」，以便存放這些讚美的字句。

這個撲滿的運作機制，是不論自我評價如何，也不去判斷對方說的話是否出自真心，**只要一受人稱讚，就說聲「謝謝」，並收下這些讚美**。這些讚美究竟值不值得開心，是次要的問題。況且後續再把它們拿去和自我評價對照，也還不遲。

像這樣養成「坦然接受稱讚」的「心」習慣之後，我們應該就會慢慢地有自信，也能緩解「害怕被別人打分數」的心態。

非常感謝您的讚美，
我滿心歡喜地接受。

# 回應大家的「讚美」

為嘉惠那些很難開口說「謝謝」的讀者，這裡我要介紹網友在社群網站上提供的各種回應方案，在日常生活中馬上就能現學現賣喔！

**慣用句 01** 「**真的嗎？**」
碰到看起來就像是會說「你竟然就這樣承認啦？」的人，最適合用這個回應！

**慣用句 02** 「**真高興能聽到你這樣說！**」
試著聚焦在「向開口讚美的人致謝」，而不是「受人稱讚的自己」。

**慣用句 03** 「**真是不好意思。**」
在受到主管或客戶稱讚之類的商務場合也適用。

## 小 結

　　很多人在受到讚美時不敢坦然高興，是因為他們的自我評價偏低。可是，要在一時半刻之間提高自我評價，難度很高。所以，您不必勉強自己改變，不妨先從提醒自己，在受人稱讚時，先回一句「謝謝」做起。習慣之後，您應該就能找出對方的優點，學會「回敬讚美」的技巧囉！

# 14

心情劇烈震盪起伏時

## 為什麼
## 我的情緒會
## 這麼不穩定……

在日常生活中，才剛覺得自己沮喪，又突然變得很亢奮；才剛覺得自己對某件事很著迷，就又突然沒了興致……是不是也有人覺得很討厭這樣陰晴不定的自己呢？

人生在世，不會凡事開心如意，所以心情難免有波動。不過，情緒特別不穩定的人，心情會受日常生活中發生的大小事影響，表現出劇烈的反應。據說有這種傾向的人，**與其讓生活過得自由自在少壓力，不如適度為生活設定規範，更能讓心穩定下來。**

接下來，我要從兩個面向來說明為什麼人的情緒容易不穩，以及合適的因應之道。

步驟 **1**

## 了解原因

# 情緒不穩定的原因

原因 **生理層面**

**01** 說得更具體一點，像是女性有生理期，在生理期到來前，很多女性會受到荷爾蒙平衡的影響，而變得情緒不穩定。此外，饑餓時的低血糖，也可能是情緒不穩的原因；有些人則是因為壓力、失眠等因素累積疲勞，才引發情緒不穩。

原因 **心理層面**

**02** 包括凡事抱持悲觀想法，稍有不如意就心情不好，或是不懂得好好疼惜自己，一天到晚被大小事追著跑等心理習慣。

　　既然已知情緒不穩定的原因來自於這兩個面向，那麼深受情緒不穩所困擾的讀者，不妨先回想一下：自己的心情，究竟在什麼時候比較容易浮動？

造成我情緒不穩定的原因究竟是什麼？

### 養成破解詛咒的「心」習慣

# 把負面情緒變成戰友

　　容易受心理因素影響而變得情緒不穩定的人，往往會在情緒消沉時否定自己，覺得「這樣下去不行」。然而，在心理學上認為，**否定這些焦慮或惶恐，會讓心情更難穩定下來**。因此，就讓我們先試著**把負面情緒也當作戰友**吧！

　　其實這些負面情緒，只是在對以往被您自己拋下的那些情緒說「快想起我！」而已。因此，當您覺得飽受煎熬時，不妨試著在心裡默念：「**這些是要來讓我停下腳步的情緒，和這些負面情緒一起來回顧一下自己的心情吧！**」。如此一來，您就能為負面情緒建立起「要一起努力迎向幸福的戰友」這種形象，心情也會變得比較輕鬆。

這些是要來
讓我停下腳步
的情緒

# 維持穩定的生活節奏

容易受到生理因素影響而變得情緒不穩定的人，要多提醒自己維持穩定的生活節奏——因為**每天就寢、起床時間不固定，就更容易倍感疲倦或壓力**。

此外，人類腎上腺會分泌「皮質醇」（cortisol），這是一種負責應付壓力的荷爾蒙。據說它的效用在進入下午之後會逐漸趨緩，所以我們**在晚間比較容易感受到壓力**。

換言之，希望「情緒在晚上不要失控」的人，遇到一些會造成壓力的事物時，不妨提醒自己盡量在中午之前處理，同時也建議您最好把生活節奏調整為晨型喔！

## 小結

「情緒不穩定」總給人一種負面的印象，但其實它並不是只有壞的一面。有些人在情緒亢奮時，更能發揮實力，拿出突破極限的卓越表現，將自己的情緒感受轉為好的一面。

不過，想常保身心健康，還是要好好照顧自己，建立穩定的生活節奏喔！

# 1 提升自我肯定的訣竅

自我肯定——多麼優雅的詞彙啊！它和「自尊心」其實不太一樣。就讓我們來想一想有什麼簡單的方法，可以幫助我們提升自我肯定吧！

我們每天都下意識地接下了許多其實根本不想做的苦差事。常有人說日本人不擅拒絕，但如果我們真的一直接下討厭的苦差事，那會怎麼樣呢？應該會讓人越來越沒有自信，自我肯定持續低落吧？

這時，要不要試著來個大轉彎，變成別人口中「什麼事都拒絕」的人呢？當然實際拒絕時會很痛苦，因此，建議您不妨試著在心裡多揮幾次「空拳」（shadow boxing）。藉由在腦中沙盤推演對話流程，讓自己習慣拒絕時的痛苦，對話的爆發力也會隨之上升。而實際拒絕之後，周遭就會出現翻天覆地的變化——不再接下討厭的苦差事，您會變得越來越自在。等到您開始對不再接下苦差事的自己更有自信之後，就會知道自己真正想做的事究竟是什麼，成長為一個自由且獨立的個體，走向「提升自我肯定」的結果。

再來一個不同的辦法吧！那就是要提高您自己的判斷力。人只要判斷出錯，自我肯定就會一路下降。要有敏銳的判斷力，就必須具備相當程度的自我肯定。那麼，我們究竟該如何提升判斷力呢？

事實上，要提升判斷力，方法就只有一個，那就是模仿判斷力敏銳的人——因為卓越的判斷力，並不會從你我的內在自然湧現。

而要見賢思齊，有一個很重要的方法，就是找那些判斷力遠比自己出色的人所寫的著作來熟讀。持續閱讀這些書，就會養成思考「如果是他，會做什麼判斷？」的習慣。模仿優秀的人，就能提高自己的判斷力，進而增強自我肯定。

精神科醫師 **酒井和夫**

## 第 2 章

# 潛伏在人際關係裡的

那些「欺負自己的壞習慣」

# 我怎麼會
# 說出
# 那種話啊……

明明和朋友或同事聊得很開心，卻因為自己不經意的一句話，傷害了對方，或瞬間冷場……。我想應該很多人都曾因多嘴而吃虧，事後悔意才湧上心頭，怪自己「怎麼會說出那種話」。

您或許認定這種多嘴的一句話，是一時衝動才脫口而出，自己無法控制。但其實不要緊，只要提醒自己一點小訣竅，就能減少這樣的失態。

訣竅有兩個：一是要**了解自己多嘴時的狀態**，二是要**養成客觀審視自己的習慣**。

接下來，我就要從這兩個訣竅出發，介紹因應對策的具體內容。

## 步驟 **1**

### <u>了解原因</u>

# 多嘴**的原因**

　　多嘴的原因之一，是潛藏在我們心裡的那份「希望對方多了解我」的心情。每個人或多或少都有這樣的念頭，而會多嘴的人，就是這個念頭太過強烈，以致於**陷入過於自私的狀態，進而期望對方「100％了解我」**。

　　還有，總是在意別人給自己打幾分的人，會因為太害怕被身旁的人瞧不起，而總是把**保護自己放在第一位**，結果導致他們暫時無法顧慮到對方的立場，或無法預測自己說出的那句話會造成什麼影響。

　　不過，多嘴的人其實並不是刻意要去踩對方的地雷或傷害對方，只不過是還不習慣去揣想對方的心情罷了。在下一頁當中，我會介紹揣想對方心情的有效方法。

我並不是故意要傷害對方……

## 養成破解詛咒的「心」習慣

# 在自己心裡
# 安排一位對話稽查官

想戒掉多嘴的問題，就要養成一個「心」習慣：對話時，在開口說話前，要去想像「**說了這句話之後，對方會怎麼想？會怎麼回應？**」您不妨想像心裡有另一個自己，負責稽查即將說出口的每一個字句——這樣或許會比較容易理解吧。

然而，要稽查所有發言內容，畢竟不是那麼容易。所以，不妨先試著提醒自己慢慢說話吧！因為話說得太快，有時就會不小心說出一些和自己想法不同的內容。

要練習這個稽查方法，最有效的方式就是多與他人對話。建議您找平時可以輕鬆對談的家人或朋友來試試喔！

Hey！我自己，說這些話真的沒問題嗎？

# 客觀審視自己時必備的<br>「後設認知能力」

如前所述，要戒掉多嘴的問題，關鍵在於要懂得客觀審視自己的發言。心理學上把這種客觀認識自己的能力，稱為「**後設認知能力**」。

至於要如何培養後設認知能力，關鍵則在於要養成「凡事都用『為什麼』的觀點來觀察」的心習慣。

比方說被主管責備後，光是回想起指責內容，意識就會聚焦在自己身上，讓我們變得很沮喪。然而，若我們能試著想想「為什麼主管會那樣說？」就能從一個包括主管和自己在內的、更高層次的視角，例如「原來主管要負的責任這麼多，很辛苦啊」、「說不定他只是剛好很煩躁」等，來俯瞰整體狀況。

就像這樣，從更高層次的角度來俯瞰自己的想法，就能學會對自己說「先等一下」，擋下想多嘴的念頭。

---

## 小 結

習慣衝動多嘴的人，多半不曾把自己很看重的心情感受，好好地告訴別人。例如平常總是把想說的話憋在心裡，或是必須又哭又叫，才能表達自己的想法等。只要強化自己的後設認知能力，溝通不完整的感覺就能逐漸獲得解決。

# 16

遭人批評時

# 我是個
# 一無是處的
# 廢人……

你我都討厭被批評，也覺得批評很可怕。然而，因為害怕被批評，而總是將「自己的整個意見」換掉的人，是否懷抱著「別人的想法才正確，我的想法不對」的成見呢？

如果**老是像這樣想著「別人都很對，是我不好」的話，表示您心中的自我肯定可能已經偏低**。所謂的自我肯定，就是願意認同自己，覺得自己「有價值」的意識。也就是說，在高自我肯定的狀態下，就算被人批評，也不容易感到害怕。

要立竿見影地提升自我肯定，難度相當高。不過，這裡可以先介紹一些幫助您冷靜面對批評的方法。

步驟 **1**

## 了解原因

# 害怕面對批評的原因

害怕被人批評的原因,多半是來自童年經驗。

例如說您在小學時,曾告訴父母「我長大以後想當棒球選手」。當時父母對您說:「想做什麼就儘管去做」,但打棒球真的打出成績之後,父母卻說「別老是打棒球,給我認真讀書!」於是父母的這種價值觀,便下意識地烙印在孩子的腦海裡。

像這樣不論順從自己心意或接受父母想法,都會成為夾心餅乾,解決不了問題的狀況,在心理學上稱為「**雙重束縛**」(double bind)。而這種矛盾的命令,很難培養出孩子的自我肯定。

在下一頁當中,我要介紹的方法,能讓您即使處於自我肯定偏低的狀態,仍能減緩批評所造成的傷害。

關鍵字

**◢ 雙重束縛**

由研究思覺失調的專家葛雷格里‧貝特森(Gregory Bateson)所提出,是指提出兩個相互牴觸的矛盾訊息,就有可能造成對方混亂的一種溝通方式。

養成破解詛咒的「心」習慣

# 試著模仿那些
# 高自我肯定的人

　　一被批評就沮喪消沉，是因為低自我肯定的人，內心總習慣性地否定自己的想法或感受所致。此外，負責掌管人類想法和感受的大腦，很容易受到環境的影響，所以要是身邊有幾個動不動就批評您的人，大腦就很容易陷入自我否定的輪迴中。

　　既然大腦這麼容易受環境影響，那就不妨試著轉換成正向思考吧！

　　您的生活周遭，應該有高自我肯定的人吧？舉凡家人、朋友，甚至是藝人等，試著找出您心目中「**高自我肯定的典範**」，**模仿他的舉止姿勢、穿著打扮和談吐等**。

　　只要多模仿高自我肯定的人，充滿自信者常使用的大腦區塊，就會受到刺激。如此一來，就會有更多正向資訊進入大腦，也比較不容易因為他人的批評而感到受傷。

那份議程是
業務部管轄的，
拿去改一下

# 刺激皮膚感覺
# 提升自我肯定

要提升自我肯定，還有一個重點，那就是要充分了解自己的情緒。而大腦中負責了解情緒的區域，其發展則深受皮膚感覺的影響。

構成皮膚的各種元素，功能其實與大腦很相似，所以**皮膚也譽為是人的「第二大腦」**。

換言之，**培養適當的皮膚感覺，就能讓我們更敏銳地接收到自己內心的感受或情緒**。

建議各位養成一些能透過皮膚來感受「舒服」的習慣，具體方法有撫摸觸感舒適的玩偶、寵物，或是為自己按摩等。

## 小 結

在心理學領域中，常有人說「高自我肯定的人，眼光比較長遠」。每個人都怕被批評，不過，就長遠的眼光來看，若想活得更幸福，那麼被批評後究竟該「只有沮喪」，還是「力求改善」呢？只要懂得仔細想想，您應該就能從中找出自己期盼的未來。

# 我是不是
# 被周遭的人
# 討厭了啊……

　　有時候周遭的人一句話語、一個小動作，就會讓我們擔心自己「是不是被討厭了？」然而，怕被討厭的人，絕不是「懦夫」，而是從小就為了要幫助他人、受人喜愛，而不斷努力的人。

　　若沒有給孩子一個能無條件獲得認同的環境，他們心中就會萌生「要是不符合某項條件，說不定我就會被拋棄」的不安。到了長大之後，這份不安有時就會發展成「被討厭的恐懼」的心態。

　　那麼，究竟該如何從這份「被討厭的恐懼」中解脫呢？

　　首先，探索自己的內心是一大關鍵。而能助我們一臂之力的，就是心理學上的「依附」這個概念。

步驟 **1**

## 了解原因

# 害怕被人討厭的原因

人會萌生「被討厭的恐懼」，原因之一在於「**不安全依附**」。當孩子有負面情緒時，往往會透過依附在照顧者或周遭大人等特定人物身上，來找回安心。這時大人與孩子之間所產生的心理連結，就是所謂的「依附」。

只要能一再依附到讓人安心的對象身上，就算遇到不順心的事，孩子仍舊可以控制自己的情緒，建立起穩定的人際關係。

依附關係主要是在孩子出生 6 個月後～ 2 歲左右形成。然而，據說**成人其實每三人就有一人是「依附關係不穩定」**。沒有穩定的依附，就容易在人際關係或心理層面上遭遇困難。

───── 關鍵字 ─────

### ▶ 依附（attachment）
是英國心理學家約翰‧鮑比（John Bowlby）確立的「嬰幼兒期兒童與照顧者之間所建立的心理連結」論述。孩子因為體認到依附對象是一個安全基地，故能自由地從事探索行為。

## 養成破解詛咒的「心」習慣

# 在心裡打造一個
# 只屬於自己的「聖地」

這裡我要介紹的，是打造安全依附關係最簡單的方法——那就是**在自己的心裡打造一個「聖地」**。

所謂的「聖地」，是在您想像當中最安全、最能放鬆的地方。它可以是您小時候打造的秘密基地，也可以是過去曾去旅行過的、充滿回憶的地方，甚至是太空、深海等實際上去不了的地點，抑或是不存在於現實世界裡的場所，例如自己喜歡的電視、動畫節目裡的世界等，也都無妨。

像這樣先在自己心裡打造一個「聖地」，日後**遇有任何不順心，或感到不安時，只要想像自己躲進這個地方，就能獲得一種類似依附的安心**。

這裡就是我的
心靈秘密基地

# 3 種依附型態

　　所謂的依附型態，是指從依附發展出來的「人際關係行為模式」，大致可分為 3 類。

**型態 01　穩定型**

能自我肯定，確知信任的人會一直愛著自己。

**型態 02　逃避型**

拒絕與人建立密切的連結，討厭依附和被依附。

**型態 03　焦慮型**

「想被愛」的情緒非常強烈，對於「被拋棄」特別敏感，總在意自己是不是被討厭了。

　　綜上所述，**「焦慮型」依附的人，最容易萌生「被討厭的恐懼」。**

---

**小 結**

　　焦慮依附型態的人，「想尋求認同」的念頭，會比一般人更強烈。因此，他們對於被討厭、或被瞧不起等否定情緒特別敏感。

　　要讓依附關係保持穩定，最好的方法就是找一個有如心靈安全基地般值得信賴的人，例如朋友、伴侶等。如果有困難的話，就試著打造一個自己專屬的聖地吧！

# 18

被攻擊性很強的人責備時

## 在別人心目中，
## 我是個
## 很好欺負的人嗎？

在職場上、朋友關係中，都會有一些「攻擊性很強的人」，愛説別人壞話、自以為高人一等。況且要是只有我們自己成為攻擊目標，不甘心和難過的心情，恐怕會讓我們的壓力上升到極限吧？有時甚至還會讓我們陷入自我厭惡，懷疑「我是個很好欺負的人嗎？」

像這種攻擊性很強的人，最好能和他們在物理上保持距離。不過，我想很多人會因為各種苦衷，而無法做到這一點。

接下來，我會介紹如何與攻擊性很強的人巧妙地保持距離——説穿了就是要「**了解對方的弱點**」。或許您會覺得「那些人才沒有什麼弱點呢……」，然而，**越是攻擊性強的人，其實越是軟弱**。因為他們害怕面對自己內心的軟弱，才會變得這麼有攻擊性吧。

**步驟 1**

<u>了解原因</u>

# 高攻擊傾向者的真面目

　　攻擊性很強的人，其實是「缺乏中心思想，不願正視自己軟弱的人」。

　　人生中如果只有被「孰高孰低」之類的價值判斷衡量過，那麼這種人就只會用別人的標準來評估自己的存在價值。如此一來，在面對心裡那個「軟弱的自己」時，當然就會認定「我是個糟糕的人」。

　　這時會發生的現象，就是心理學上所謂的「積極外化」。所謂的積極外化，即是把對自己的憎惡投射到他人身上。

　　比方說從小忍受父母訓誡的孩子，長大後就算怨恨父母，也必須面對當年只能選擇忍耐的「軟弱自己」。有時那份「無法原諒自己軟弱」的心情，會轉為「無法饒恕那個傢伙」的情緒，把周遭的人當作目標，發動攻擊行為。

我再也不想被那些攻擊性很強的人擺佈……

養成破解詛咒的「心」習慣

# 與攻擊性很強的人
# 劃清心理界線

　　攻擊性很強的人，在「確認攻擊靶心」方面的能力，可說是超人等級。他們能從些許言語、表情和動作當中，看穿對方是否真的受傷，並且在確認自己的「火力擊中對方」後，發動更猛烈的攻勢。

　　對這種攻擊性很強的人反脣相譏，是很危險的舉動，所以我們只要表面上道歉，擺出一副歉疚的模樣即可。

　　這裡的關鍵，在於要懂得劃清心理界線，釐清「你的情緒歸你管，我的情緒歸我管」。就算對方說了什麼不中聽的話，我們也要想著「**我知道你的弱點。況且你對我的評價，和我對自己的評價毫無瓜葛**」，就能創造心理優勢。

我知道
你的弱點

# 把自己當作摯友或偶像來對待

　　平常不懂得好好看重自己，旁人隨意踐踏我們的情況就會層出不窮。因此，當您責備自己、痛苦難受時，不妨試著把自己當作「最喜歡的人」來看待。**遇有失敗時，只要把它想成是摯友或自己最喜歡的偶像出錯，相信您一定會想對他說「別在意！」對吧？**

　　這樣反覆操作幾次之後，慢慢就會養成看重自己的「心」習慣了。

當作偶像
來看待的話，
就什麼都能原諒！

## 小 結

　　了解那些高攻擊傾向者的心態之後，應該就會覺得他們「好可憐」，也願意選擇不和他們一般見識才對。這種心理優勢會表現在我們的態度和表情上，所以看在那些高攻擊傾向者眼中，就會認定「我的攻擊打不到這個人」。於是我們慢慢地就比較不容易成為攻擊目標了。

# 19

害怕與他人建立深度關係時

# 我無法認真
# 喜歡上別人，
# 是個悲哀的人

人生在世，當我們有了朋友或伴侶，就會更了解對方，也會讓對方了解自己，建立起更密切的關係。然而，在這種時候，有些人反而會萌生「無法認真喜歡上別人」、「不擅與人建立長期關係」之類的不安或煩惱。

這些人就是因為覺得自己不擅與人建立深度關係，才會覺得**「被別人了解」是一件可怕的事**。

那麼，究竟該如何拋開那個「覺得自己不擅與人建立深度關係」的念頭呢？這個問題，**和第 85 頁提到的「依附」有關**。

接下來，我要帶各位複習「依附」的概念，並介紹如何拋開「覺得自己不擅與人建立深度關係」的念頭。

## 了解原因

# 害怕與人建立深度關係的原因

依附是指「兒童與照顧者之間所建立的心理連結」。依附型態屬於逃避型（P.87）的人，因為父母的忽視或缺乏同理心，所以**從小就學到「撒嬌式的情感表達，是得不到回饋的行為」，還會避免主動做出建立親密關係的行為**。

逃避型的人會有以下三種特質：

❶ 缺乏同理心，逃避深度關係
❷ 逃避責任或挑戰
❸ 逃避受傷、感受

逃避型依附的本質，在於當事人逃避親密的信任關係，以及因為這種關係所衍生而來的長期責任。然而，**「不喜歡與人相處，又怕寂寞」的人很多，他們心裡很容易覺得矛盾。**

那麼，逃避型依附的人，究竟該如何與人建立親密關係呢？

> 其實我很想
> 與人建立
> 深度關係……

## 養成破解詛咒的「心」習慣

# 試著多寫「感謝日記」

我希望逃避型依附的人,可以試著多寫一些有助於強化人我連結的「**感謝日記**」。每週至少寫一次,內容包括自己感謝的事,並簡單描述感謝它的原因。至於感謝的對象,則可以是任何人,不論是朋友、伴侶、父母或周遭的人等都無妨。

根據心理學家馬丁·塞利格曼(Martin Seligman)的研究指出,**人的幸福感會因為感謝他人而上升,壓力和憂鬱傾向也會隨之減緩**。此外,若每週都能在固定時間寫感謝日記,還可望達到讓情緒清空歸零的效果。

養成撰寫感謝日記的習慣之後,「**我想和別人建立什麼樣的關係?**」這個問題,自然就會浮上心頭。

我沒遵守和朋友約好的時間,
結果他竟沒有生氣,
還耐心地等我趕到。
很感謝他的貼心包容。

# 如何減緩對於
# 「與他人建立深度關係」的恐懼

**方法 01** **試著略施小惠**

多試著對人「略施小惠」吧！畢竟依附關係是一種禮尚往來的機制，不論是施或受人恩惠，都能活化依附關係。不妨試著對朋友貼心，傾聽他們的煩惱，或在工作上多教教同事、部屬。

**方法 02** **降低對自己的期待**

逃避型依附的人，往往對事物的期望太高，很難挑戰新事物。不妨告訴自己：只要勇於挑戰，即使結果不盡如人意，都已經賺到了經驗值。

> 茶水間亂七八糟，
> 所以我稍微
> 整理了一下。

## 小 結

這次我們談的都是逃避型依附的缺點，但其實這樣的人也有優點，就是在突發狀況下仍能冷靜以對。只要依附能穩定，應該就能逐步減緩他們對於「與人建立深度關係」的恐懼。人在受傷後，都會有想「療傷」的本能需求。所以您千萬別心急，只要能慢慢地和朋友、伴侶建立深度關係，並找回安心感即可。

# 為什麼我
# 就是不敢表達
# 自己的意見？

　　要表達自己的意見，還真的很需要拿出勇氣，對吧？比方說主管邀我們去喝一杯時，其實我們根本不想去，但總覺得要是拒絕，恐將導致雙方關係惡化，所以不敢斷然拒絕——想必很多人都曾有過這樣的經驗。當然有時我們是去了之後才發現沒那麼糟，但有時也會在事後責怪自己為什麼當初沒有斷然拒絕，是吧？

　　那麼，如果想四兩撥千斤地把自己的意見告訴對方，究竟該怎麼做才好呢？這時**除了要尊重自己的感受，肯定對方的想法也很重要**。這種顧及「你好，我也好」的表達方式，我們稱之為「主張」。

　　接下來，要先請各位檢視自己的表達方式屬於哪一種類型，再學習「自我肯定」的基本概念。

> **步驟 1**

## 了解原因

# 自我表達的 3 種類型

**類型 01** 攻擊型自我表達
忽視對方意見，把自己的價值觀強加到對方身上的表達類型（我很好，你不好）。

**類型 02** 退縮型自我表達
太顧慮對方，讓自己退居其次的表達類型（我不好，你很好）

**類型 03** 肯定型自我表達
和對方建立互動的關係，並能適度表達個人意見的類型（你很好，我也很好）

　　舉例來說，當您因為輕微疏失而遭主管斥責時，會如何表達自我？如果選擇砲轟主管，或把責任推卸到主管、旁人身上，那就是「攻擊型自我表達」；如果低頭不語，那就是「退縮型自我表達」；如果先為自己的疏失道歉，再告訴主管「希望能稍微冷靜地談一談」，那就可以說是「肯定型自我表達」。請您參考這樣的定義，想一想自己是屬於哪一種類型吧！

> 關鍵字

### ◉ 肯定（assertiveness）

意指「坦率地表達自己的想法或意見」。「肯定型自我表達」其實就等於主張（assertion）。「主張」是從「每個人都有權利明白表示自己的意見或要求」的立場出發，適度地表達自我，以促進人際關係圓融發展的溝通技巧之一。

## 養成破解詛咒的「心」習慣

# 不必改變個性，
# 而是要調整「表達方式」

像「類型❶攻擊型自我表達」那樣彼此直來直往地表達意見，有時可能會演變成意見摩擦；而像「類型❷退縮型自我表達」那樣囫圇吞下對方的意見，又會讓自己覺得很痛苦。

這些表達類型的形成，有很大一部分是個性使然，一時半刻之間很難改變。不過，只要多留意，就能調整自己吐露心聲的「表達方式」。

運用「類型❸肯定型自我表達」，關鍵在於不能動輒砲轟對方或妥協，彼此要有耐心地交換意見，在互相讓步、前進之間，找出彼此都能接受的結論。就算最後意見相左，在雙方心中仍會留下「尊重彼此意見」的感受，所以彼此的關係應該還是能保持融洽。

以「對方開心，
我也開心」
的討論為目標

# 巧妙說「NO」的方法

　　因為無法說「NO」而大傷腦筋的人，不妨試試以下這兩個方法：

**❶ 先接納對方的請託內容和感受**

　例 明天就需要這份文件啊？我很想答應您，可是……

**❷ 具體說明「NO」的內容，如果真的不知如何是好，先拖延一下也無妨**

　例 課長交辦了另一個急件。我來想想看可以怎麼處理，您方便給我一點時間嗎？

> 有時候
> 拒絕的勇氣
> 會拯救自己

**小 結**

　　有時候我們理智上知道「肯定型」比較好，但就是無法表達自己的意見。其實「退縮型」的表達不見得「一定不好」，問題在於總是只有單方面忍耐、生氣，導致我們與對方的關係在不知不覺間定型。建議您最好先想想自己在表達上有什麼習慣，進而學會有意識地挑選合適的表達方式。

# 21

反射性地說謊時

## 總是為了保護自己
## 而信口開河
## 我真是個懦夫……

有些「謊」是「傷害別人的謊言」，例如用來騙人、害人等；而有些「謊」則是「保護別人的謊言」，可用來助人，或讓人際關係更圓融。「傷害別人的謊言」固然應該避免，但有時難免還是需要動用一些「保護別人的謊言」，對吧？

然而，有些人明明得不到半點好處，但就是愛隨口說點小謊。例如和朋友約好了卻遲到，就編個藉口；動不動就把話說得天花亂墜，結果根本沒執行……。

據說**這種反射性的謊言，多半是「保護自己的謊言」和「虛張聲勢的謊言」**。如果您覺得「我也是個經常反射性說謊的人呀……」，那就請您再往下讀讀看吧！

## 步驟 1

### 了解原因

# 反射性說謊的原因

反射性說謊的原因，據說多半與童年時期父母的對待方式有關。比方說，如果父母一直對孩子說「你一定要乖」、「一定要聽父母的話」，**給的都是有條件的愛，那麼孩子就會設法避免挨罵，或為了吸引大人的注意，而養成說謊的習慣。**

對孩子而言，父母的愛非常重要，就算挨罵、被嫌煩，有條件的愛總比被忽略好。於是他們深信：只要能得到父母的愛，說點小謊也無妨，以致於對說謊越來越不排斥。

一旦養成了反射性說謊的習慣，人往往就會接二連三地說謊，不去考慮「要是謊言被揭穿該怎麼辦？」等後果。

該怎麼改掉
反射性說謊
的毛病呢……

## 養成破解詛咒的「心」習慣

# 盤點自己會做的和不會做的事

會反射性地說謊,是因為這些人想變成自己心目中「理想的自己」。然而,實際上並不會盡如人意——例如我們負責經辦的業務,最好是在期限內處理完,但萬一碰到不擅長的領域,可能會束手無策,或來不及完成,對吧?

所以請您**暫且先把「理想的自己」擱在一旁,確認一下自己合理的形象**,盤點自己會的和不會的,並在不勉強的範圍內做好自己會做的事。

持續這樣操作之後,您就能更精準地掌握自我形象。如此一來,您應該就會漸漸不再需要說謊了。

不逞強硬撐,
用最真實的自己
好好活下去吧!

# 謊言的種類

　　最後我要整理一下謊言的種類。謊言可依目的分為 4 種類型。了解謊言的種類，還能提供我們思考「值得我説謊的動機究竟有多少？」的機會喔！

**❶ 防禦的謊言**

Ⓐ「為什麼遲到！」

Ⓑ「我身體不舒服……」
（其實是睡過頭）

**❷ 逞強的謊言**

「我考了 80 分啊！」
（其實是 65 分……）

**❸ 欺瞞的謊言**

Ⓐ「只有這一個，現在不買就沒有了。」

Ⓑ「（真的嗎？）」

**❹ 擁護的謊言**

Ⓐ「這是我做的判斷。」

Ⓑ「（明明是我把事情搞砸的）」

---

**小 結**

　　反射性説謊的根治方法，無法即知即行，所以可能會有些人覺得難度很高。不過，發現自己説謊背後的情感因素，或只是感受到「處境很安全，不必説謊保護自己」，都是幫助我們擺脱反射性説謊的一小步。先別逞強硬撐，在不勉強的範圍內慢慢做好自己會做的事吧！

# 為什麼
# 我老是不會
# 看氣氛做事？

　　「我老是聽不出對話的言外之意，說一些不得要領的話」、「太拚命地想看懂氣氛，結果被人際關係搞得好累」。很多人都有這樣的煩惱，對吧？這些人到最後往往會很厭惡自己，設法避免與人往來。不過，「看氣氛」究竟是什麼意思？

　　一般認為，所謂的看氣氛，**是從談話的方向、聲調、動作和表情等非語言資訊當中，掌握周遭眾人的情緒和談話脈絡，進而做出當下眾人期待的舉動**。然而，我們究竟該怎麼培養這種要關注旁人動作、表情的非語言溝通能力呢？

　　接下來，我要介紹「不會看氣氛做事」的3大類型，以及如何在與人對話的過程中，提升非語言溝通能力。

步驟 **1**

## 了解原因

# 「不會看氣氛做事」的 3 大類型

**類型 01** 人際焦慮程度偏高型

因為害怕沉默或被討厭等「人際焦慮」，而做出不適合當下情境的行為。

**類型 02** 不擅汲取非語言資訊型

不擅推測「別人的心情感受」，或不擅汲取非語言資訊的類型，多為先天特質。

**類型 03** 過度「看氣氛」型

不擅從無數資訊中挑出必要內容的類型。處於「接收過多資訊，以致於無法排列出優先順序」的狀態。

　　這些特質，您符合幾項呢？在下一頁當中，我要介紹一套各種類型都適用的方法，幫助您在與人對話的過程中，加強自己的非語言溝通能力。

究竟該怎麼做
才能察覺
別人的心情？

## 養成破解詛咒的「心」習慣

# 觀賞電影、連續劇和動畫等，
# 並試著與人討論感想

人的情緒感受與實際採取的行動，其實還滿有落差。比方說會來問我們「放假都在做什麼？」的人，多半並不是想知道我們假日的行程，而是「想多了解對方的私生活，以加深彼此的情誼」。

和朋友或伴侶一起觀賞電影、連續劇或動畫等，並試著彼此討論感想，是有效學習汲取這種非語言資訊的方法。

先聚焦在角色的表情、動作上，試著推測他們的情緒之後，再彼此交換意見——**與人分享特定對話的脈絡、人物表情或動作資訊，就能提升我們的非語言溝通能力喔！**

# 不同類型的「看氣氛」要訣

### 類型 01 人際焦慮程度偏高型

這型的人，往往會因為人際往來的高門檻而倍感恐懼。所以，只要能事先降低門檻，他們就能泰然處之。直接了當地說「我這個人很怕生」、「我很想改善，但還是有點少根筋……」也很有效。

### 類型 02 不擅汲取非語言資訊型

這型的人，不妨採用模式學習法，多累積「這種時候就會演變成這樣」的經驗，試著在不同時機下，將對話內容與對方的表情、行為、動作，還有當事人串聯起來。

### 類型 03 過度「看氣氛」型

這型的人，處於「不懂得好好重視自己的情緒感受，把注意力都投注在對方身上」的狀態。要提升自我察覺力，有一個很簡單的方法，那就是先聚焦在自己的行為上——試著像跟蹤自己一樣，記錄自己去了哪裡、穿了什麼服裝等等。如此一來，您就能從自己喜歡的行為模式中，看出自己的意向。

### 小 結

「看氣氛」真的很不容易，對吧？不過，其實也不見得一定要看氣氛。不會看氣氛，照樣可以工作，可以交朋友。只要對自己的優勢和愛好有自覺，並懂得與人分享這些內容，溝通自然就會順利。別老是受到「看氣氛」的圍限，積極找出適合自己的生存之道吧！

# 很怕生的我，
# 是個毫無社交能力
# 的人……

「怕生」的人，常因為太在意別人的眼光，以致於害怕與人往來、談話。

我想當中一定有些人會覺得自己毫無社交能力，進而責備自己「太被動，交不到朋友」、「每次遇到初見面的新朋友，就會非常緊張」等。

不過，每個人或多或少都會怕生，對吧？某項研究中發現，**世界上其實有「影響朋友數量多寡」的基因，也有「易感孤獨的基因」**。換句話說，因為這個社會推崇外向個性，使得「怕生」這件事特別受人矚目，但它其實可以說**就只是一種個人特質**罷了。

接下來，我要介紹一些方法，讓這些怕生的人能盡可能活得輕鬆一點。

**步驟 1**

## 了解原因

# 「怕生」的 2 大類型

心理學上認為，「怕生」主要可分為以下兩種類型：

**類型 01**　**恐懼型**

對陌生人會感到強烈恐懼的類型。這種類型的人，多半是從小就很害怕陌生人，一般認為受遺傳因素的影響較深。

**類型 02**　**自我意識型**

因為太在意別人給的評價而導致怕生的類型，受後天因素影響較深。若是小學時很外向，上了國中後開始變得很害羞的人，可能就是自我意識型。這些人往往過度恐懼人際關係上的挫敗，或動不動就愛與別人比較。

怕與陌生人往來、
或怕被別人品頭論足的恐懼，
究竟是從哪裡來的？

## 養成破解詛咒的「心」習慣

# 從「被檢視方」轉為「檢視方」

不論是哪一種類型的怕生，很多人都會感受到「被檢視的恐懼」。尤其那些極度怕生的人，對於旁人的「眼光」特別敏感，因此往往會覺得「自己單方面地被檢視」。

這時，請各位**不妨抱持「從『被檢視方』轉為『檢視方』」的念頭**。比方說，當我們面對陌生人時，試著去注意對方「穿什麼衣服」、「說了什麼話」等，提醒自己「是我在檢視他」。

**把注意力放在「對話內容與對象」上，別在意「被檢視的自己」**，就能把我們關注的焦點由內轉到外。或許您會覺得很困難，不過，只要稍微轉移焦點，應該就能緩解您對「被檢視」的恐懼。

我要轉為「檢視方」喔！

# 盤點自己不擅面對的人或狀況吧！

同樣是初次見面的人，還是有些人或情況會讓人感到特別可怕。比方説「比自己年紀小的女生比較不可怕，年紀大的男人或體型魁梧的人特別恐怖」、「一對一面試不可怕，一個人去拜訪客戶做簡報比較可怕」等等。

這些讓我們感到害怕的人或狀況當中，也許有些誤會或成見，也可能有些無從改變的事。

不過，**只要盤點出自己不擅面對的人或狀況，就能事先設想如何避免這些狀況，更有效率地擬出因應之道。**

在太陽系當中，
地球人比較
怕生一點⋯⋯

**小結**

怕生只不過是一種特質。個性是由遺傳與環境因素交織而成，所以怕生的人往往會覺得「原來我是一個缺乏社交能力的人啊⋯⋯」但事實絕非如此。人際互動的方式，本來就可以因人而異。「怕生」也是一樣，不妨把它當作是「自己的特質」，與它和平共處，別太為此傷神。

# 24

總在扮演乖寶寶時

# 我得當個乖寶寶，才能討人喜歡……

「行為舉止總在迎合對方期望」、「隨時都在等別人指示，不敢主動發難」……諸如此類的狀態，雖沒有相應的病名，也不是現有的疾病，但它有個**「乖寶寶症候群」**的稱號。想必應該很多人都覺得心裡有數吧？

有「乖寶寶症候群」的人，最看重的不是自己的幸福，而是自己在父母、主管或朋友等周遭親友的心目中，是不是「乖寶寶」。不僅小時候如此，很多人到了長大之後，都還有這樣的傾向。而這種**「乖寶寶症候群」的人，很容易因為人際關係而感到疲憊。**

接下來，我就要介紹這種乖寶寶症候群的成因與對策。

步驟 **1**

了解原因

# 總是不經意地扮演乖寶寶的原因

乖寶寶症候群的案例，原因多半是源於童年時期的親子關係，或周遭親友的價值觀。

童年時，我們會認為周遭大人——尤其父母的言行，就是一切。例如有些家長會把「不能違逆別人」、「順從是一種美德」、「考試低於 90 分，就不是乖寶寶」等價值觀，強加給孩子，對吧？

如此一來，孩子就算長大，往往還是會**下意識地想順從「活在自己心裡的父母」**，認為「**這種時候，我爸媽一定會這樣說⋯⋯**」。然而，其實現今的環境或情況早已和小時候不同，根本沒有必要迎合父母的想法。

換言之，乖寶寶症候群的人，可說是處於**被「你該⋯⋯做」這種在心裡扎根的「父母或旁人意見」**綁架的狀態。

我就只是想讓周遭的人開心而已⋯⋯

### 養成破解詛咒的「心」習慣

# 試著反駁一下心裡的「你該……做」

　　想切割「你該……做」這種在您心裡扎根的「父母或旁人意見」，首先我們要回顧一下，了解它究竟是什麼樣的聲音。

　　尤其是那些很順從、不敢主動採取行動的人，應該多少都曾有過「不得不被動」的經驗。比方說父母的「凡事都有一個正確答案，千萬不能搞錯」這個訊息，已經滲透到心中等等。不過，如果您能發現自己心中有這樣的訊息存在，那就沒問題了——試著做出反駁，說聲「才怪」吧！

　　像這樣回顧綁架您的那些「你該……做」等成見，就能**客觀審視自己現在究竟該不該順從這些聲音，更能與它們拉開距離**。有時候，要回想起這些事，的確會讓人覺得很難受。不妨多花一點時間，慢慢試試看吧！

畢竟現在的我，已經不可同日而語了。

# 讚美那個曾是乖寶寶的自己

　　若您實在很難養成前頁介紹的心習慣，那就好好讚美那個曾是乖寶寶的自己吧！要確實遵守父母或周遭親友的指令、規矩，恐怕需具備過人的自制力才行。**想必有很多人因為您的這份自律自持而得救，或衷心感謝您。**請您好好讚美、撫慰這樣的自己。

　　儘管父母或旁人的影響再怎麼深遠，人生畢竟是您自己的。只要能學會肯定自己，您隨時都能朝下一個階段邁進。

老是在意旁人意見，
代表您有懂得
為人著想的優點。

### 小 結

　　有「乖寶寶症候群」的人，在與人對話時會為了討好對方而太過字斟句酌，或即使痛苦也選擇忍耐硬撐。然而，您首先需要的，是察覺自己心中那個「想當乖寶寶的自己」。從小到大都對父母百依百順，是為了生存。所以，請您別責備那個當乖寶寶的自己喔！

# 25

為了交不到朋友而煩惱時

# 我很想交朋友，
# 但我有溝通障礙，
# 辦不到……

　　長大後要交朋友真的很難，對吧？有些人會因為長時間缺乏結交新朋友的經驗，就很煩惱「該怎麼交朋友啊？」「我對溝通能力沒自信，不可能交到朋友」等。

　　不過，您不覺得小時候根本不必發奮要求自己「交個朋友」，就能自然而然地和每個人變成好朋友嗎？或許是因為當時我們能下意識地表達自己純粹的感受吧？長大之後，我們總不禁會想：「就算成為好朋友，還是會擔心被對方討厭」，對吧？該如何戰勝這樣的擔憂，交到朋友呢？

　　**從零開始結交新朋友的關鍵，在於①投入喜愛的事物、②鍛鍊親切待人的能力。**

了解原因

# 投入喜好的兩個方法

### 方法 01 用「喜好」牽起友誼 初學者就能輕鬆操作

結交朋友時，建議您不妨試著把重點放在「自己喜歡的事物和對方一樣」這件事情上。只要有共通的喜好，就能減少我們直接面對他人人格的情況。即使是對溝通能力缺乏自信的人，也能避免衝突，並可在保持適當距離的狀態下與人交流。

### 方法 02 「喜好」可培養出面對孤獨的能力

人只要和別人在一起，就會覺得安心。正因如此，我們才會萌生「怕孤獨」的感受，甚至有很多人為了不讓自己孤單，而勉強自己與合不來的人往來。然而，持續處在這樣的狀態下，只會讓人徒增疲憊。與其去配合那些頻率不合的人，度過勉強忍耐的時間，不如試著創造一些能忘我投入的時間，讓自己陶醉在喜愛的「事物」之中。有了喜愛的事物，就能享受獨處時光，不容易感到孤獨。如此一來，就能減少我們「在意別人」的時間，自我肯定感也會隨之上升，進而幫助我們釐清哪些才是自己真正需要的人際關係喔！

該怎麼做才能交到朋友啊……

### 養成破解詛咒的「心」習慣

# 懷抱能影響大腦的「親切」

　　在結交朋友之際，**親切待人的心態尤其重要。待人親切時，人就會分泌一種名叫催產素（oxytocin，又名愛的荷爾蒙）的神經傳導物質**。據說當腦內充滿這種荷爾蒙時，人就會覺得很自在、放心，甚至很容易滿足，因而比較輕易建立人際關係。

　　除了待人親切之外，試著數一數自己對人付出了多少親切，或回想您對自己的親切善舉，也很有效。比方說**買東西時試著對店員說聲「謝謝」，或在電車上讓座給長輩。至於提早就寢不熬夜等行為，也是一種「親切」**。建議您不妨像這樣，列出一些較能馬上做到的「親切」，並在行有餘力時嘗試一下吧！

非、非、非常
謝謝您……
（低聲）

# 找出自己喜好的方法

　　不知道自己喜歡什麼的人，可以利用隨手就能買得起的商品，例如便利商店的甜點或書籍等，嘗試「3秒內憑直覺挑選」的訓練。

　　人類的大腦有**兩種思考邏輯，一種是直覺反應的快速思考，另一種則是深思熟慮的緩慢思考**。緩慢思考往往會納入常識或旁人眼光，**透過快速思考來選擇，比較容易找出自己真正喜歡的事物**。

　　了解這些透過快速思考挑選的「喜好」，具有哪些共通點，就能鍛鍊我們的自我分析能力，也能從中了解哪些人與自己合得來喔！

你喜歡
哪一個？

**小 結**

　　交朋友的確需要一點小技巧，但只要能投入自己的喜好，或常懷親切心態，就可以有效建立人際關係，不必只靠溝通能力。如今我們可以輕鬆地在網路上分享自己的喜好，也能透過文字訊息表達些許親切，對吧？只要選擇適合自己的方法，讓自己感覺與他人有所連結即可。

# 不想與任何人
# 有牽扯的我，
# 是個社會邊緣人……

您聽過「人際關係歸零症候群」嗎？它不是一種疾病，而是一個新詞，用來描述那些曾多次讓人際關係歸零，或突然銷聲匿跡者的心理狀態。隨著 LINE 和社群平台的普及，這個詞彙也跟著流傳開來。

人生在世，總會與他人有所關聯。尤其現在我們在網路上，隨時隨地都會和他人沾上關係，對吧？**在這個變得極度方便的社會，當人際關係打結時，往往會讓人無處逃遁**。當我們在這樣的狀態下，覺得自己已經瀕臨極限時，就會想讓人際關係驟然歸零。

這裡我就要來介紹為什麼有些人容易出現「人際關係歸零症候群」，以及相關的因應之道。

## 步驟 1

# 了解原因

# 人際關係歸零症候群發生的原因

據說罹患「人際關係歸零症候群」的人，多半沒有發展出「常保糾葛的能力」。「**常保糾葛的能力**」聽起來是一個很陌生的詞彙，對吧？簡而言之，就是不要隨便拋開內心糾葛所造成的煎熬與痛苦，懂得面對問題、解決問題的能力。

當這種「**常保糾葛的能力**」**偏低時，我們就很難充分發揮「好好面對個人煩惱，妥善解決問題」的能力**。至於為什麼沒有發展出「常保糾葛的能力」，原因五花八門，包括童年時與父母的關係，或青春期受過的心理創傷等。

「常保糾葛的能力」偏低的人，遇有不如意時，就會用「都是他的錯」之類的說法來攻擊他人，或是反過來覺得「一切都是我不好」，而沮喪不已。

然而，「不對事情太快做出定論，在迷惘、苦惱之中，持續找尋事情的真相，或該怎麼解決才好」的思維，在人際關係上其實非常重要。

該如何提升「常保糾葛的能力」？

## 養成破解詛咒的「心」習慣

# 宣洩自己的脆弱

想提升「常保糾葛的能力」，建議您不妨試著從「宣洩自己的心聲」開始做起。宣洩方式可以是寫在筆記本上，或告訴家人或親朋好友也很有效。

這時的關鍵，是**要懂得聚焦在您自己認為「無聊」、「不好」的部分，例如「好痛苦」、「什麼都不想做」等。**

「常保糾葛的能力」偏低的人，已養成把負面或消極情緒都埋藏在心裡，避免它們溢於言表的習慣。因此，懂得刻意為自己製造宣洩的機會，至關重要。

排斥宣洩自己脆弱的人，建議您在告訴別人時，不妨先說一聲：「希望你肯聽我說完，不要責備我」。

真不想
去工作～！

# 把缺點說成優點，並接納自己

　　會想讓人際關係歸零的人，很多都是「不願讓別人看見自己缺點」的人。不過，其實人的缺點，也能化為優點喔！

　　比方説「懦弱→溫柔」、「愛比較→有觀察力」、「容易沮喪→深謀遠慮」、「衝動→有行動力」等等。抱持「**優點和缺點的界線很模糊，只要懂得換個角度想，結果就會截然不同**」的心態，「**常保糾葛的能力**」也比較容易隨之提升喔！

優點和缺點也會
因環境而改變！

### 小 結

　　每個人都有可能出現人際關係歸零症候群，但發生機率偏高的人，還是有一些特質。比方說凡事都很在意旁人的反應，不擅與人交流互動的人；或是奉行完美主義，擔心個人形象受損的人；又或者是自我肯定偏低，容易累積過多壓力等類型的人。若您自覺符合這些特質，就要特別留意，別把負面或消極的情緒都悶在自己心裡喔！

# 27

被社群網站牽著鼻子走時

## 按「讚」數那麼少，我根本就是個沒價值的人……

　　各位都有經營社群帳號嗎？當今社會，各世代的族群都已將社群網站當作日常生活的一環。然而，恐怕也有很多人一天到晚都被社群網站的動向牽著鼻子走，滿腦子想著「現在有幾個『讚』了？」「他來留言了嗎？」等等，覺得很痛苦吧？

　　社群網站本來應該是很方便的工具，會讓人覺得痛苦，或許是**因為我們把自己的價值，都投射到社群網站上的緣故**。不過，該對你我生活有所助益的工具，竟能影響到心理層面的問題，一般認為原因在於社群網站能輕易滿足人類的自尊需求，以及人類大腦的運作機制。

　　接下來，我要說明人會被社群網站牽著鼻子走的原因，以及能幫助我們妥善運用社群網站的守則。

步驟 **1**

## 了解原因

# 人會被社群網站牽著鼻子走的原因

社群網站是一種能輕易滿足人類自尊需求的工具。

**所謂的自尊需求，就是「想贏得他人認同」、「想肯定自己的存在價值」等需求**，是一種人人都有的、健康的需求。

當今社會的價值觀越來越多樣，有人認為「好別緻」的東西，有時其他人就是覺得「不喜歡」。換言之，「自尊」已和以往不同，標準變得很模糊，而我們就活在這麼一個難以滿足自尊需求的社會。

不過，來到社群網站，我們就可以透過扮演特定角色來避免批評，並贏得簡單易懂的稱讚。

可是，當我們因為某些原因而無法獲得網友回應時，就會瞬間豬羊變色，開始感受不到那份無條件的認同。而這種「**自尊需求得不到滿足**」的焦慮，正是我們被社群網站牽著鼻子走的原因所在。

我不想被
社群網站上的反應
牽著鼻子走

### 養成破解詛咒的「心」習慣

# 製造一些遠離社群網站的
## 例行公事

不想被社群網站牽著鼻子走，就要先提醒自己每天至少運動 6 分鐘──因為**要預防社群成癮，就必須學會忍住「想看一下」的衝動**。

在瑞典精神科醫師安德斯・韓森（Anders Hansen）所做的一項實驗當中發現，只要在考試前運動 6 分鐘，就能改善衝動。當您想看社群網站時，只要參考這項研究，稍微活動一下筋骨，就能有效降低這股欲望。

除了運動之外，還有其他遠離社群網站的方法──那就是在每天的例行公事當中，加入一些滑手機之外的興趣。建議您不妨從閱讀、瑜伽，或和朋友聊天等，既開心又能讓大腦專心投入的活動開始做起。如果操作順利的話，其實在這些活動當中，也潛藏著一些能滿足你我自尊需求的機會喔！

> 只要刻意
> 遠離社群網站一下，
> 心情還真的可以
> 輕鬆許多欸～

# 避免被社群網站牽著鼻子走的
# 兩大守則

覺得自己老是牽掛著社群網站，倍感煎熬時，不妨試試以下這兩個方法吧！

**方法 01　每週或每月安排一個不看社群網站的日子**

要改善社群網站成癮的問題，最有效的方法，就是訂立守則，排定休息時間。而「訂立守則」這件事，其實也是在向自己傳達「少看社群網站，多愛自己一點」的訊息。

**方法 02　限制自己使用社群網站的時間**

若真的很難戒，建議您不妨運用一些限制社群網站使用時間的應用程式，強迫自己打造一些遠離社群網站的時間。

## 小 結

藉由「在社群網站上塑造的形象」所獲得的認同，或許能讓我們感受到短暫的幸福；但從長遠的角度來看，恐怕很難成為真正的認同。不過，只要不依賴成癮，社群網站在很多情況下，都能幫助我們贏得認同，是一個很有效的工具，這一點絕對錯不了。

在社群網站妥善爭取認同的同時，別忘了也要慢慢認同真正的自己喔！

# 28

總是看到別人的缺點時

## 總是在挑別人毛病的我，
## 真是個
## 沒出息的人……

「老是只看到主管討人厭的那一面，煩死了！」、「因為一點小缺陷，讓我對某人的仰慕之情瞬間降溫」……想必每個人都有過這種動不動就挑別人毛病，滿肚子牢騷的經驗，對吧？儘管人類都有「負面偏誤」，會先關注事物的消極面向，但這個偏誤，其實是人類為了迴避風險，而在進化過程中逐漸養成的特質。所以，就某種層面來說，「挑毛病」其實也是為了保護自己。

不過，**太過頻繁地挑毛病，就會變得很難喜歡別人、信賴別人**。久而久之，這些人恐怕也會開始討厭自己。

因此，與其責備一味愛挑毛病的自己，不如一起來想一想：我們究竟是想保護自己免於受到什麼事的傷害？

## 步驟 **1**

### 了解原因

# 過度挑**毛病**的原因

人人都會挑毛病，但過度挑毛病的原因之一，其實是由於心理學上的「投射」所致。

所謂的投射，是將個人的不安或痛苦強加到他人身上。

比方說小時候父母或周遭的人都不願意聽我們分享自己的事，於是在我們心中，便建立了「不能聊自己的事」這個價值觀。長大後，當有一個會分享自己故事的人，出現在我們面前時，我們就會藉由厭惡這個人來保護自己的心，以免被過去的負面經驗傷害。

換言之，當**我們覺得「我討厭他的這一點」**時，其實也可以說是**處於「個人的負面經驗，透過對方呈現出來」**的狀態。

> 我很討厭那個
> 轉扭蛋轉不停的人。
> 對了，
> 這麼說來，其實我也……

## 養成破解詛咒的「心」習慣

# 列一張好心情清單

　　若想避免將個人的負面經驗投射到他人身上，那麼多為自己**累積一些暢快（放心）的經驗，便顯得格外重要。**如此一來，我們心中接納既往那些負面經驗的器度，就會隨之增加。

　　至於**累積「放心經驗」的有效方法，則是列一張「好心情清單」**，例如泡澡、看書等簡單小事，都可以寫進清單裡——反正只要先把清單列出來，隨時都能更改，還能幫助我們發現「原來我會因為這些事而得到撫慰呀！」清單可以寫在筆記本或手機的備忘錄裡，用條列式寫出來即可。快拿起您方便書寫的工具，試著動手寫寫看吧！

# 有些「挑毛病」行為，
# 是來自於「怕被拋棄的不安」

有些人只會對好朋友和伴侶等關係密切的對象挑毛病，或許是**因為他們都懷抱著一份「說不定我會被拋棄」的不安。**

懷有這種不安的人，多數在童年時，父母的情緒經常處於不穩定的狀態，以致於他們往往會在與別人的關係之中，試圖重現「理想的親子關係」，以作為補償。

但因為在他們的心中，**懷著一份「怕被拋棄的不安」，所以會認定「這個人一定也會拋棄我」，眼裡看到的都是對方的缺點。**

換言之，這些人其實是在保護自己的心，以免被「遭到拋棄的絕望」傷害。

嬰幼兒時期的親子關係非常特別，不是長大後認識的伴侶或朋友可以取代的。先多為自己累積一些可以放心的經驗，讓不安情緒趨緩後，若能與眼前的當事人建立起信任關係，而不是一味追求理想，那就太好了，對吧？

## 小 結

挑毛病挑過了頭，固然會讓人覺得很難受，但並不代表挑毛病本身是件壞事。人類的大腦有一種傾向，會從負面資訊中感受到較強烈的刺激；身體不適時，則會更容易挑別人的毛病——這些多半都是出於下意識的舉動，所以請您不必太在意。就讓我們慢慢地累積更多能讓自己放心的經驗吧！

# 2 建立**優質人際關係**的訣竅

　　要建立優質的人際關係，關鍵在於要記得讚美對方，即使是微不足道的小事也無妨。例如早上到了公司，如果發現同事換了領帶，就試著讚美他「那條領帶真有品味！」只要是受到讚美，人多少都會有點飄飄然。對方心情一好，和我們的人際關係應該就能常保融洽了。

　　接著，我要為怕生的人介紹一個訣竅——那就是看著對方的喉嚨說話，別看眼睛。日文當中有「眼睛充滿殺氣」、「怒目而視」等描述，可見目光的威力強大。在四目相對的狀態下，有時會讓人徒增緊張，甚至說不出話來。可是說話時如果不看對方的眼睛，恐怕更是失禮。因此，就讓我們提醒自己，多看對方的喉嚨吧！

　　只要看著對方的喉嚨，我們就不會直接看到對方的眼神，所以比較能放鬆，不會那麼容易緊張。

　　對於我們這些從小就被教導「要看著對方的眼睛說話」的人來說，「看著對方的喉嚨說話」固然不是一時半刻就能做到，需要經過一番練習才行，但只要學會這個方法，人際關係的經營應該就會輕鬆許多。

精神科醫師 **酒井和夫**

第 3 章

# 潛伏在工作裡的

那些「欺負自己的壞習慣」

# 為什麼我的記性
# 這麼差啊……

很多人都有「拚了命抄筆記，又複習了好幾次，但就是學不會這些工作」之類的煩惱。明明已經很努力，卻還是學不會工作該怎麼處理時，說不定您就會覺得很悲哀，心想「我怎麼會這麼沒用？」然而，學不會工作該怎麼處理，不見得是因為您的能力差。

一般認為，**學不會新工作的原因之一，是大腦疲勞所致**。尤其是細膩敏感、或較缺乏自我肯定的人，大腦特別容易感到疲倦。細膩敏感的人，往往隨時都活在察言觀色之中。這些人可能會**因為把心思都用來顧慮旁人，而使得大腦用來暫存並操控必要資訊所需的處理能力（工作記憶）降低**。

接下來，我就要來為這些細膩敏感的人，介紹一些因應之道。

步驟 **1**

## 了解原因

# 記性**變差**的原因

所謂的工作記憶，就是大腦暫時記住當下作業所需的資訊，並根據這些記憶，有效率地重現一連串作業的運作。

細膩敏感的人在職場上也會覺得「凡事都要做到完美」、「不想被當成沒用的人」、「主管隨時都在盯著我的工作表現」，所以總是繃緊神經。尤其是到了新環境時，這種傾向還會更顯著。

可是，如果把腦力都耗費在旁人身上，能用在其他地方的記憶量能就會變少，以致於陷入「學不會新工作」的窘境。

換言之，細膩敏感的人，腦中的天線既要用來處理工作，又要留意旁人，所以就比一般人更加過度用腦了。

在下一頁當中，我會介紹有效運用工作記憶，減輕大腦負擔的方法喔！

──── 關鍵字 ────

### ● 工作記憶

暫時記住作業或動作所需的資訊，並加以處理的能力。它是心理學上會用到的建構（construct）概念，在日文當中又稱為「作業記憶」、「作動記憶」。工作記憶的任務之一，是將接收到的資訊簡要記錄在大腦裡，整理出哪些資訊需要處理後，再將不需要的資訊刪除。

## 養成破解詛咒的「心」習慣

# 為情緒打分數

想更有效能地運用工作效率，建議您不妨試著為自己在工作上所感受到的「愉快」、「痛苦」、「緊張」等情緒打分數。

「接電話時的緊張程度⋯⋯還滿緊張的，所以應該是 8/10 分吧」、「雖然寫會議記錄很麻煩，但做起來還算愉快，所以應該是麻煩程度 4/10，愉快程度 4/10 分吧？」

像這樣為情緒打分數，就能客觀地審視自己的負面情緒，更能將它們視為「曾多次經歷的熟悉現象」。

換言之，透過「打分數」這個舉動，我們就能「預習、複習」情緒。如此一來，當我們在工作上碰到相同情況時，就能用幽默化解，告訴自己「電話來了！緊張程度 8/10 分喔！」以降低大腦的負擔。養成這種「心」習慣之後，負面情緒就會逐漸轉淡，應該也比較容易學會新工作喔！

今天被主管罵得狗血淋頭那件事，不合理程度應該有 10/10 分，辛苦程度則是 6/10 分吧？

# 能留下記憶的複習方法

隔一小段時間再複習，其實會比聽過馬上複習更能留下記憶。加拿大滑鐵盧大學（University of Waterloo）指出，最理想的複習時機如下：

第1次 隔天
複習 10 分鐘

第2次 1 週後
複習 5 分鐘

第3次 1 個月後
複習 2 ～ 4 分鐘

據表示，會做這樣的安排，因為「理解」所需要的記憶，和「牢記」所需要的記憶不同所致。**當天複習具有加強理解的效果，但很難牢記學到的內容，形成反效果。所以要刻意留到隔天再複習，以便牢記學習內容。**

像這樣間隔一段時間，多次複習之後，學習內容就會化為「不能忘掉的記憶」，牢記在腦海裡。不過，如果對學習內容不太了解，則是以當天複習的效果最佳。「才剛記住就馬上忘掉」的人，請務必一試喔！

## 小 結

學不會新工作的原因之一，在於「大腦疲勞」。因此，只要掌握一些釐清思路的小技巧，問題就會獲得改善。不過，很多時候其實是那份工作根本不適合自己，或職場環境本身就有問題。努力固然重要，也有助於促進成長，但絕不能太勉強。不論什麼時候，都應該以「保護自己的身心」為第一要務。

# 很多事讓我分心，
# 工作完全沒有進展……

近來很多業務都改成遠距處理，讓人實在很難常保專注。所謂的專注力，就是持續聚焦在一件事情上的能力。在我們的印象當中，優秀的人好像可以一直專注下去，但其實不管是哪一種人，能專注的時間都有極限，不可能持續到天荒地老。

在一項研究中發現，**持續做同一件事超過50分鐘後，錯誤率就會呈現大幅上升的趨勢；若每50分鐘穿插 15 ～ 20 分鐘的休息**，就能有效延續專注力。當我們長時間投入一件事，往往會讓我們以為自己的專注力一直維持在高檔，其實大腦早已處於完全無法專注的狀態。不過，即使適度穿插休息，我想還是有很多人會因為專注力不持久而大傷腦筋。因此接下來，我就要介紹一些在專注力快要耗盡時，能派上用場的因應之道。

步驟 **1**

## 了解原因

# 專注力**不持久**的原因

　　專注力不持久的背後，固然有睡眠不足、眼睛疲勞等體力方面的問題，但**由於日常生活中要做的大小決策太多，而造成大腦「決策疲勞」**，其實也是原因之一。

　　每個人的專注力和體力一樣，都有固定的總量。而我們不只會在專注時用到專注力，就連「今天要穿什麼衣服？」「晚餐該怎麼辦？」等生活中細微末節的決策，都會消耗專注力。

　　因此，**當我們掛心工作或家事等事項時，做決策的次數就會增加，進而動用「專注力」這份資源。**

　　要減少專注力的消耗量，不妨建立一套能對生活中細微決策當機立斷的機制，例如「訂定例行穿搭規則」、「固定星期幾就吃什麼餐點」等，或養成諸如此類的習慣，就能減少專注力的消耗。

怎麼辦，
工作一點進度
都沒有……

## 養成破解詛咒的「心」習慣

# 看看可愛動物的照片

養成習慣固然重要，但要立即執行，還是有一定的難度，對吧？這裡我就要來介紹一個馬上就能提高專注力的方法。

2012 年，廣島大學在一項研究中發現：「可愛動物的照片」有助於提高專注力。據表示，在實驗當中，先看過幼犬、幼貓的照片，再用鑷子進行精細作業的受試者，效率竟提高了44%──因為看到可愛的小動物，會活化人類大腦中負責掌管幹勁和專注力的區塊。看的時間大概是 60 ～ 90 秒，據説照片不見得一定要是動物，用可愛嬰兒的照片，也會有同樣效果。

這個方法就可以讓我們在工作之餘輕鬆轉換心情了。建議您不妨一試喔！

啊……就只有這個瞬間
可以忘記工作
（專注力復原！）

# 讓專注力不中斷的方法

**類型 01** **冷卻額頭**

額頭內側就是負責掌管專注力的前額葉皮質區（Prefrontal Cortex），冷卻額頭能讓血液往前額葉皮質區流動，促進血液循環，進而活化大腦功能，專注力就會更容易延續。

**塗鴉**

**類型 02** 英國普利茅斯大學（University of Plymouth）在一項研究中發現：「邊塗鴉邊做事，（專注力得以延續）記憶力竟然變好了」。大腦不擅長有意識的多工作業，卻很擅於下意識地並行處理，所以動手塗鴉能分散大腦中的能量，讓專注力更持久喔！

### 小 結

　　專注力無法持續，會使人失去自信，導致專注力更往下降……有時甚至還會讓人陷入自我憎惡的輪迴之中。不過，每個人的專注力都有固定的總量，所以當然難免會有進度不如人意的時候。再怎麼樣都無法專注時，懂得乾脆停下腳步休息，落實貫徹省電模式，也很重要喔！

# 為什麼我會
# 這麼不小心啊……

　很多人都會在工作上，為了「老是犯同樣的錯」、「再怎麼小心，該出的錯還是一個不少」而傷透腦筋，對吧？人人都會犯錯，但如果一再重蹈覆轍，我們就會對自己越來越沒信心。

　　不過，請您放心。會犯錯其實並不是因為您不夠小心，而是因為人的大腦有一種特性，只要它聚焦在一個重點上，分配給其他重點的關注就會降低。

　　比方說當我們出錯時，注意力一旦完全投注在出錯的「現象」上，就無法再留意出錯的原因，以致於之後還是陷入一再重複同樣行為的輪迴之中。因此，出錯其實可以說是注意力分配均衡與否的問題。

步驟 1

## 了解原因

# 常出錯的人，有這些特徵

一般認為，常出錯的人有五大特徵：

第一種是「沮喪但不反省」型。這種人只要一出錯，就會陷入「我真沒用，我是個沒有價值的人」之類的負面思考，卻不會想到「我出錯給大家添麻煩了」，不去反省發生的事，

第二種則是「沒有掌握工作細節，卻滿嘴『了解』」型。因為這些人口中的「了解」，其實隱藏著「我並不是真的完全明白」的想法。

第三種是「想同時一心多用」型。這種人看似靈光，其實腦中往往無法妥善處理該做的事，到頭來就會出錯。

第四種是「自我形象負面」型。他們無法想像「幹練的自己」，所以才會容易出錯。

最後，第五種是「置身惡劣工作環境」型。對這種人而言，「出錯就被主管咆哮痛罵」已是家常便飯，所以常出錯一點也不奇怪。

老是犯同樣的錯，
我根本不配
當個社會人士……

## 養成破解詛咒的「心」習慣

# 聚焦在出錯的原因上

要預防出錯，那麼「忘掉錯誤」的心態便顯得格外重要。或許您會認為「把出錯的事忘掉，情況不會變得更糟嗎？」但其實我們**該牢記的，並不是「錯誤」**，而是出錯的原因。

以「對客戶的簡報做得不理想」為例，如果我們光是記得當時「簡報做得不好＝出錯的現象」，就只會在日後想起這件事情時消沉，或因為害怕再度失敗而變得不敢再挑戰，對吧？

不過，如果把焦點放在「資料製作和調查等方面的準備不夠充分＝出錯的原因」，我們應該就能看出下次該如何改善。

儘管我們很難說「失敗這件事，會帶領我們走向成功」，但「失敗的原因」，絕對會成為催生成功的種子。

原因　現象

要聚焦在出錯的現象，還是出錯的原因上？

## 打造不易出錯的環境

　　處在容易分心的環境，做事就容易出錯。若想減少出錯，建議您不妨提醒自己，要營造出以下這樣的環境：

**1** 桌上只放最低限度需要的東西。

**2** 手機收在眼睛看不到的地方。

**3** 尚未完成的工作，看是要立刻做完，或決定何時再處理之後，就暫時拋開。

　　再者，我也很推薦各位出聲確認或指差確認。發出聲音或運動手部、手臂的肌肉，會形成刺激，活化大腦的認知功能，讓大腦能更確實地處理資訊。

### 小 結

　　在工作上頻頻出錯，會增加無謂的成本，甚至還會有失信於人的風險。最好當然是盡可能不要出錯，但再怎麼出類拔萃的人，恐怕都無法做到零失誤吧？因此，重點在於養成聚焦出錯原因的「心」習慣，而不是出錯的現象。此外，了解自己出的錯是屬於哪一種類型，就能掌握出錯的趨勢，進而勾勒出一套因應之道。

# 32

不懂得如何仰賴他人協助時

## 為什麼我會這麼
## 想把事情都攬在身上
## 自己做啊……

即使出了問題，我們往往還是很難開口向人求助。想必也有些人是因為從小就被父母教導「不能給別人添麻煩」，導致這種觀念根深柢固，覺得「若不能自立自強，實在是有愧為人」、「凡事都要能自己一肩扛才行」，而總是在勉強硬撐吧？

其實這種「不會仰賴他人協助」的人，都有一個共通點——那就是他們都「非常認真」。這種類型的人往往**太有責任感、太體貼，或是自尊心太強，以致於他們總是把責任和問題悶在心裡自己承擔**。

想憑一己之力解決問題的態度，固然很了不起，但懂得偶爾依賴旁人，放下自己肩頭上的擔子，也很重要。

接下來，我要介紹一些能讓您成為「依賴高手」的方法。

### 步驟 **1**

## 了解原因

# 不會仰賴他人協助的原因

　　不會仰賴他人協助的原因五花八門，不過，當中多半是受到童年環境的影響。

　　比方說在沒有父親的家庭，媽媽找不到對象商量工作、生活上的煩惱。這時候，**有些孩子就會扛起在心理上照顧媽媽的責任**。

　　又或者是從小就**在不能示弱的環境長大，以致於不懂得如何仰賴他人協助，或對於「依賴」這件事特別抗拒**。這種人除了受到親子關係的影響之外，還很容易被學校或媒體灌輸「凡事當然都要能一肩扛起」、「無法獨當一面的人，根本沒有價值」等價值觀。

　　換言之，他們**「對『受人幫助』的抗拒」，勝過了「因為受人幫助而帶來的好處」**。這種經驗長期累積下來，更讓這些人對「仰賴他人協助」裹足不前。

仰賴他人
協助時的心理門檻
實在太高了

養成破解詛咒的「心」習慣

# 成為依賴高手要留意的四大重點

要成為依賴高手，不妨試著多留意這四個具體重點。

**重點 01** 稱呼對方的名字

稱呼對方的名字，能讓對方感受到「他有事來拜託我」，進而滿足對方的自尊。此外，您所表達的信任與敬意，對方也比較容易感受得到。

**重點 02** 表情和用詞要正向積極

拜託的人和被拜託的人，地位是對等的。為能先贏得對方共鳴，再爭取協助，建議您不妨試著多用「笑容＋正向積極的語言」去拜託。

**重點 03** 先講結論

劈頭就是一大串說明，可能會讓對方在聽的過程中開始找藉口回絕。即使是很難解釋清楚的內容，也要先講結論，例如「我和〇〇公司有糾紛，您能不能陪我走一趟？因為……」。不過，這樣說話確實會給人一種冷漠的印象，所以話說完之前，別忘了問問對方是否方便。

**重點 04** 報告成果

對方伸出援手後，別忘了向對方報告協助內容的成果，例如「多虧有您幫忙，我順利趕在期限之前交出資料了」。這樣做不僅可以滿足對方的自尊，也能讓對方覺得「下次我還是願意再幫他」，對吧？

# 求人的訣竅

有求於人時，要盡量讓對方見到面。根據美國康乃爾大學的一項研究顯示：**面對面請託的成功機率，比電子郵件高出近三十倍之多。**

此外，在心理學家佐藤綾子團隊的研究中也發現，提升**信任感最重要的元素，就是「笑容」和「眼神交流」。**所以有求於人時，不妨試著面對面，並提醒自己面帶笑容、多用眼神交流。無法直接見面時，可以把視訊通話也納入考量喔！

別忘了面帶笑容和眼神交流喔！

## 小 結

依賴別人絕不是壞事。畢竟一個人能做到的事情有限，建議您不妨養成習慣，覺得自己撞牆碰壁、煩惱憂愁時，就積極地仰賴他人協助吧！如此一來，人生應該就能活得稍微輕鬆一點。也別忘了有事相求時，我們的立場和對方對等，可試著多運用「成為依賴高手要留意的四大重點」喔！

# 33

# 有事該做卻做不到，我真是個意志力薄弱的人啊……

你我應該都有過這樣的經驗：認為事情「雖然還有一些課題該解決，但反正期限還久得很，沒關係啦」，於是便懶散悠哉地過日子，結果到了大限將至時，才開始心急、痛苦——我想應該有些人很想設法改變這樣的自己，對吧？

這種拖延習慣有很多常見的因應之道，其中又以「總之開始做就對了」最有名。可是，如果能「開始做」，就不會有人拖延了吧？可見**拖延還真是個很難根治的毛病**。

接下來，我要為那些「拖延毛病已在心底扎根」的人，介紹一些讓拖延毛病自然消失的方法。

步驟 **1**

了解原因

# 拖延毛病**的**成因

　　有拖延毛病的人，或許會煩惱自己是否意志薄弱，或有心理問題。不過，醫學博士吉田隆嘉表示：「拖延毛病並不是由於意志軟弱所致」。換言之，其實只是拖延毛病在我們的大腦裡變成一種習慣罷了。

　　我們會有這種習慣是很理所當然的 —— 畢竟人類從過著狩獵、採集生活的時期起，就有以「當下」為優先的行為特質。**事情距離期限越遠，人就會認定它的獎勵（完成時所帶來的快感等）太少，而優先從事那些現在能讓我們感到暢快的行為。**

　　況且**當該完成的作業很棘手，導致壓力升高時，我們不僅會覺得獎勵太少，甚至在精打細算後，整體（看起來）根本就是賠本**，所以會拖延是很正常的。因此，就讓我們來為大腦養成「降低作業門檻」的習慣，減輕自己的壓力吧！至於這一套因應之道，我會在下一頁介紹。

我把那項業務往後延之後，又過了一個月……

## 養成破解詛咒的「心」習慣

# 將作業細分化

　　若想降低作業門檻，最簡單的方法就是**「將作業細分化」**。拖延企劃書時，就把這件事細分成「從沙發上起身」、「打開電腦」、「製作封面」、「找找看有沒有類似的企劃書」等，仔細到讓人覺得**「有必要做到這種地步？」**的水準。

　　人的大腦在想做簡單的事情時，會動得特別靈光──**因為消化這些能簡單做到的事，對大腦而言很有快感。為了獲得這些快感，人的身體和思考自然就會開始動起來了。**

　　反之，「不知該從哪裡開始下手」的狀態，最會引發拖延。遇有不知該如何跨出第一步時，建議您不妨乾脆問問身旁的人，例如主管、同事等，也不失為一法喔！

重物就
分成小份
來搬吧！

# 讓人習慣自然而然展開作業的計畫方法

想要改善拖延毛病，不妨先試試**「若則計畫法」（if-then planning）**。這個方法其實是要我們**事先擬訂計畫，以便在開始拖延之前，就預設「如果發生 A，就執行 B」**，是心理學上用來提高效率的技巧。

說得更具體一點，假如我們習慣在拖延時拿起手機，就試著預設「作業過程中如果拿起手機，就去摸摸家裡的寵物貓」、「若在工作時打開手機看推特，就要馬上關掉，回去工作」，並落實執行。讓您的身體好好養成「如果做了這件事，就執行那個動作」的習慣吧！

## 小 結

將因應對策內化成習慣，是改善拖延毛病的關鍵。所以請您試著以「作業細分化」為主軸，持續執行這些改善方法。不過，拖延也不見得都是壞事。倘若我們能明確訂定出「延到什麼時候」，屆時再確實完成任務的話，其實也有助於提升自我管理能力。只要我們能先察覺自己拖延的毛病，善加管控即可，對吧？

# 34

覺得自己辜負眾人期待時

## 辜負眾人期待的我，
## 是個沒用的人……

　　當我們被寄予厚望時，都會很開心。相對的，有時也會感受到一股莫名的壓力，例如「總覺得我在職場上辜負了眾人的期待」、「說不定我根本就是個沒用的人」、「覺得自己好像隨時都被監視、被追著跑」等等。

　　不過，您可不是沒用的人喔！您會過度在意旁人的期待，只不過是因為「不中用的自己」這個自我形象在作祟。當我們**辜負他人期待時，我們「在公司或社群裡的價值」**或許會改變，但「**自己本身的價值」絕不會變**——這一點盼您牢記。

　　接下來，我要介紹我們為什麼會覺得自己「辜負眾人期待」，以及相關的因應之道。

## 步驟 1

### 了解原因

# 為什麼會覺得自己辜負眾人期待？

會覺得自己辜負眾人期待的人，說不定曾經有一段讓他覺得「我這個人真糟糕」的過往。

比方說有些人是因為以往想挑戰某件事情時，曾被父母或身旁的大人說「你不可能做到的」、「這點小事都辦不到呀？」**導致他們心中萌生了一個自我形象，認為自己「基本上就是一個達不到別人期待的人」。**

這種自我形象一旦定型，就算沒人說他們哪裡不好，他們也總是認為「我一定是辜負了大家的期待」，想先幫失敗時的心情打好預防針。

再者，**就算有時已經達到眾人的期待，這些人也會為了維護自我形象，而聚焦在「達不到眾人期待的自己」。**這樣當然會活得越來越痛苦，對吧？

所以，建議您不妨先試著了解自己，看看您懷抱著什麼樣的自我形象。接著再試試我的因應之道，就能慢慢地建立起開朗的自我形象喔！

> 鏡頭總是
> 拍不到我……
> 反正我就是達不到
> 別人的期待

養成破解詛咒的「心」習慣

# 來一場成功預演

　　若想塑造開朗的自我形象,那麼先在腦海中進行一場能感受成功或勝利氛圍的**「成功預演」**,會是一個很有效的方法。

　　根據英國劍橋大學約翰‧科茨(John Coates)博士的研究指出,**只要想像成功體驗,就能讓「睪固酮」這種激素的受體數量持續增加**。由於這種激素具有提振幹勁的作用,故有助於優化自我形象。

　　舉例來說,當您苦於業績不見成長時,不妨試著想像自己在因緣際會下,成功爭取到很多好客戶的情況。

　　若能把這個「獲致成功的機緣」想像得具體一點,那當然更好,萬一不行也無妨──因為**重點在於想像成功時主管驚訝的表情,以及自己看到顧客欣喜的笑臉時,會是什麼樣的心情**。

　　就像這樣不斷地為成功做預演,一點一滴地推升我們的自信吧!

用「成功想像」
創造出現實世界裡的
良性循環

# 搭配失敗預演一併操作吧！

　　成功預演固然重要，但其實最有效的訓練，是要搭配失敗預演一併操作。**在成功預演當中，插入中途失敗的橋段，之後再華麗復活，奔向成功——就讓我們打造這樣的情節走向吧！**

　　首先，請您想像自己風生水起，業績成長，鴻運當頭，銳不可當的光景。然而在那之後，出現的是您在眾人面前受挫，一副頹喪的模樣。最好再試著連主管、晚輩失望的情景，也都在腦海裡勾勒出來。

　　正當眾人心想「這下子沒救了」的時候，您恢復冷靜，繳出了個人最佳成績。如此一來，您應該就或多或少會萌生「自己振作起來」的感覺。**像這樣同時操作失敗與成功的預演，比較容易讓我們懷抱一種想像——想像自己戰勝了對「糟糕自我形象」的不安**，甚至還能幫助我們培養在面對失敗時的危機管理能力，所以整體工作能力也可望向上提升。擔心貿然執行失敗預演恐將一蹶不振的人，不妨在熟悉成功預演後，再試著加入失敗預演吧！

## 小 結

　　若您覺得自己沒有達到眾人的期待，要先去了解原因，再運用成功、失敗預演，一步步地提升自我形象吧！

　　了解原因能為我們帶來更客觀的觀點，緩解對「辜負期待」的恐懼；而預演則能讓我們學會懷抱「承擔失望的勇氣」和「成功的勇氣」來面對人生喔！

# 3 面對工作壓力**的**訣竅

　　各位在工作上，是否感到一股莫名的壓力呢？工作壓力主要可分為三大類，只要先知道自己面對的是哪一種，應該就能找出因應之道。

**❶工作性質不適合自己所造成的壓力**

（老是在做不適合自己的工作，很容易感覺到壓力）

**❷工作量過多的壓力**

（要是加班時數超過 100 小時，任誰都會感到不適）

**❸人際關係的壓力**

（雖然喜歡這份工作，但要是人際關係處理得不好，上班就會變得很痛苦）

　　第❶類人在處理上的關鍵，是要向公司提出轉調申請，或是換個工作，改變工作性質。

　　第❷類人要把工作分配給同事，或和主管商量，總之就是要設法減少工作量。

　　第❸類人用「想像治療」的效果最好——努力想像距離自己的身體四周，有一道厚度 1～2 公分水晶隔板保護，不論是來自任何人的惡意，都無法穿透水晶隔板。就算有人挖苦嘲諷，或說一些堪稱職權騷擾的話，我都非常安全。因為那些話都無法穿透水晶隔板，傳不到我耳裡。

精神科醫師 **酒井和夫**

第 4 章

# 潛伏在日常裡的

那些「欺負自己的壞習慣」

# 35 晚上睡不著時

## 失眠得太嚴重，讓我對自己煩躁了起來……

「明明很累卻睡不著」、「已經好幾天都睡不著，心裡很不安」，我想很多人在睡眠方面，都有很多諸如此類的煩惱。想睡卻睡不著時，不僅精神狀態會變差，身體也會受到影響，例如變得比較容易疲倦，或白天會有睏意襲來，導致工作效率降低等。

事實上，根據日本厚生勞動省的調查，發現**日本約有 20% 的成年男女覺得自己沒有睡飽**。也就是説，每五人中就有一人出現睡眠問題。不過，既然睡眠時間在我們人生中占了相當可觀的分量，那麼是否該讓睡眠不足長相左右，恐怕要再三思。

接下來，我就要來為這些睡不著的人，介紹三招對付失眠的因應之道。

Topic

# 速成！睡不著時的三招因應之道

### 方法 01 離開被窩

睡不著會讓人不斷累積壓力，甚至還會越來越害怕「要是我就這樣一直睡不著怎麼辦？」對吧？待在床上往往會讓這種不安情緒持續滋長，所以不妨試著離開被窩一下吧！

### 方法 02 讓空氣流通

根據丹麥科技大學（Technical University of Denmark，簡稱DTU）發表的實驗結果指出，環境中的二氧化碳濃度越低，睡眠品質就越好。建議您試著在可行範圍內，落實執行這項理論，比方說打開抽風機，或開窗 10 分鐘後再開空調等。

### 方法 03 放輕鬆

最後請您再試著鑽進被窩。此時，請您別忘了多放鬆肌肉——先深呼吸，接著把力氣灌注到腳上，持續幾秒後，邊吐氣邊放鬆。完成後，再試著對小腿、大腿、腹部、胸部、手部、手臂、臉部、全身操作同樣的動作。

## 小結

　　睡不著時，我們總會在被窩裡輾轉反側。然而，懂得暫時轉換心情，才是關鍵。與其任由這種不安狀態持續下去，不如主動做些改變，更能讓人放心。還有，這三招因應之道不一定要全數執行。您可視當下的心情，嘗試自己喜歡的方法喔！

# 36

無法將物品整理妥當時

## 總是無法 把東西整理好的我, 真是個邋遢的人……

很多人知道「整理」這件事該怎麼做,卻都是「不擅整理的人」,要花很多時間蘊釀才能起身動手。原本想著「明天一定要整理」、「週末前就先擺著吧」,沒想到客人突然來訪,讓人慌了手腳……各位應該也對諸如此類的故事很有共鳴吧?

其實**「整理」需要同時動用大腦的許多部分,是一項負擔很沉重的工作**。如果要打個比方的話,就像是邊心算邊運動,還一邊擬訂後續計畫似的,辛苦的程度簡直超乎想像。

因此,要在下班回家後,或利用空檔時間整理,往往不是那麼容易。

接下來,我就要為想成為整理高手的人,介紹一個能減輕大腦負擔的「不努力的整理術」。

# 速成！不努力的整理訣竅

### 訣竅 01　設定鬧鐘

抱持「心血來潮時再整理」的心態，恐怕就會一直做不到。建議您不妨養成運用鬧鐘來整理的習慣，也算是幫自己製造開始整理的契機。比方說您可以試著在每週六的 12 點設定鬧鐘，養成整理 5 分鐘的習慣。

### 訣竅 02　先從「5 個規則」起步

據說人的大腦只要開始做某件事，就會像被打開開關一樣，一路做下去。建議您不妨應用這個概念，先從一邊數數字，一邊整理 5 件物品開始做起。久而久之，您就會萌生「再整理 5 個看看吧！」的念頭，整理就會更容易有進展喔！

### 訣竅 03　劃分區域

整理會讓人覺得這麼困難，是因為我們想一口氣把整個屋子都整理好。建議您不妨試著先在腦海裡畫出一張屋子裡的地圖，再劃分成書桌區、衣櫃區等區域。動手整理其中一個區域，或試著在凌亂的區域放個箱子，思路就會更清晰喔！

## 小 結

真沒想到整理竟然會是這麼耗腦力的工作！所以，就算整理的進度不如預期，也不必覺得「我真是個邋遢的人」，甚至因而感到沮喪。

當然有些人可能會覺得不整理比較自在，或做起事來比較有效率。總之只要營造出一個最能讓自己感到舒適的空間即可。

# 37

一聽別人說話就覺得好累時

# 明明只是聽別人說話而已，就覺得好累。我還真是不擅傾聽啊……

很多時候，大家都會說在與人溝通時，「擅於傾聽」會比「能言善道」更重要。當對方認真傾聽我們說話時，大多數的人都會覺得比較容易敞開心胸說話。**所謂的傾聽，其實是要好好地用耳朵和心來面對他人。**

傾聽有三個很重要的步驟：「用心傾聽」、「重複對方說的話」、還要「摘要整理已了解的內容」。只要能做到這些，就能順利與他人對話囉！不過，**個性細膩敏感、或是容易萌生惻隱之心的人，光是傾聽就會覺得疲倦至極**，對吧？如果您是這種類型的人，建議您可以試著學習一些不會消耗自己能量的傾聽方法喔！

接下來，我要介紹兩個應用了心理學理論的「不疲倦傾聽法」。

# 速成！不疲倦的傾聽訣竅

**訣竅 01 為自己和對方的心劃清界線**

想不疲倦地傾聽，關鍵在於不讓自己的心與對方同化。因此，傾聽時固然要對當事人抱持興趣，接納對方想法，但不論聽到什麼內容，都別忘了提醒自己留意「人我之間的界線」喔！

**訣竅 02 專注在對方的「當下」**

在與他人對話的過程中，難免會碰到一些讓人不禁想像「如果我這時候不做點反應，說不定會被他討厭」的情況。然而，這只不過是我們自己的想法，對方並沒有這樣的念頭。建議您先把自己的想法暫且擱在一旁，試著聚焦在對方說著話的這個「當下」和對方這個人的存在，專心傾聽吧！

## 小 結

「傾聽」聽起來似乎很簡單，其實是很需要技巧的一件事。當您感到不知所措時，不妨參考一下第 164 頁介紹的那三個步驟和相關的因應之道吧！不過，要是太拚命反而會累壞自己，要特別留意。這時，建議您不妨當作自己和當事人之間有一道「透明的牆」，或試著想像你們之間有一條界線，以免「傾聽過勞」。

# 38

### 收假後覺得很憂鬱時

## 明天起又得要
## 賣命了……

收假日總會讓人想起「明天起又得要在職場／學校賣命」，心情也跟著鬱悶起來，對吧？此外，應該也有很多人會利用假日補眠吧？可是，補眠有時恐將破壞睡眠時間的循環……。

每次放假都大睡特睡，很容易引發**「社會性時差」**。所謂的社會性時差，是指平、假日的就寢時機和睡眠時間出現落差的情況。**如果我們因為社會性時差而打亂生理時鐘，那麼就算睡眠時間充足，心情也會變得鬱鬱寡歡**。然而，很多時候一忙起來，實在是不得不利用假期補眠，對吧？因此，接下來我就要介紹三招「補眠不憂鬱」的方法。

Topic

# 速成！趕走收假憂鬱的 3 個妙方

**～ 收假前 ～**

**方法 01　找個陌生的地方散步**

到陌生的地方散步，就能刺激大腦中的神經傳導物質 —— 多巴胺分泌。多巴胺具有讓人「快樂」的功能，故可幫助我們掃除鬱悶心情。

**～ 收假後 ～**

**方法 02　準備一首收假用的「振作主題曲」**

已有實驗證明音樂可振奮士氣。既然運動選手在比賽前也會用這個方法，您也不妨找一首自己喜歡的曲子來試試吧！

**方法 03　早上去散步**

在腦科學上認為，掌管運動功能的「大腦運動皮質區」和掌管幹勁的「伏隔核」之間，有著相當密切的關係；而沐浴在晨光中，還可活化與刺激幹勁有關的「血清素」，所以早上散步是最適合一掃鬱悶的良方。

---

**小 結**

留意大腦機制和習慣的變化，較能減緩收假所帶來的鬱悶。除了以上介紹的方法之外，也建議您不妨在收假當天早上沖個澡，或中午吃個豐盛的午餐等，製造一些「收假的樂趣」，好讓自己的交感神經居於優勢喔！

# 39

明明已經休息了，
卻沒有休息到的感覺時

## 今天又浪費了
## 難得的假日……

　　平常總是努力地工作或讀書，到了假日就想過得有意義一點。然而，想必您應該也曾因為「這麼寶貴的假日，我竟然都在睡……」、「回過神來才發現自己都在滑手機，一整天就這樣浪費掉了」而大感後悔，反而更覺得疲憊吧？究竟該怎麼做，才能更有效休息？

　　其實**休息方式可分為「主動式」和「被動式」**。您可能會覺得「休息不就只有消極的嗎？」對吧？

　　如上所述，**下意識地做某些事來消磨休息時光，或只是消費他人提供的事物時，就是一種「被動式」的休息**。

　　產業組織心理學家凱利．古柏（Cary Cooper）表示，**所謂的「主動式」休息，是一種有「控制感」的休息**。

　　「控制感」究竟是什麼？接下來我會為各位詳加說明。

# 提醒自己採取「主動式」休息

　　所謂的被動式休息，就是放空看電視，或在被窩裡滾來滾去的休息方式。這種休息方式固然也有其必要，但現代人很容易忘記的，則是「主動式休息」。

　　而所謂的**主動式休息，是一種有目的的休息方式**，例如「明天就來練習樂器吧！」「來練重訓增強體力吧」等，帶有明確目的的積極式休息。乍看之下似乎頗有難度，不過，其實只要**有「計畫是掌握在我自己手裡」的感覺即可**，就算沒什麼幹勁也無妨。

　　想消除壓力，最需要的就是這份「控制感」。

　　說得更具體一點，只要懂得提醒自己「我就是為了把工作拋到腦後，所以現在才盡情軟爛耍廢」，就算旁人看來覺得我們很慵懶也無妨，各種休息方式都可以是主動式休息。

> **小 結**
>
> 　　主動式休息有兩項規則：要「明確訂定休息的目的」，以及「依原訂計畫休息」。依計畫休息的態度，能為自己培養出控制感，還能讓身心都達到理想的復元狀態。當大腦和心理都已精疲力竭時，當然也會需要放空大腦、停下腳步的「被動式休息」，千萬別把自己逼得太緊喔！

# 40

老是改不掉遲到毛病時

## 我是個
## 缺乏
## 時間觀念的人……

「明明不覺得會晚到，每次約時間卻總是遲到」、「我把時鐘撥快 5 分鐘，就是為了防止遲到。結果每次看時鐘都覺得『還有 5 分鐘』，最後又遲到」。這種為了遲到毛病而傷透腦筋的人，其實還滿多的。就算我們老是提醒自己改善，但遲到毛病真的很難治，對吧？

據說**在缺乏時間觀念的族群當中，有很多人其實是難以掌握「時機觀念」**。所謂的時機觀念，就是依既定目標擬訂計畫，再思考執行順序、實際執行，並確認執行成果的能力。

因此，有遲到毛病的人，不妨先從「訓練時機觀念」開始做起，效果很不錯喔！在下一頁當中，我就要來介紹兩個訓練時機觀念的方法。

# 速成！訓練時機觀念的兩招妙方

**方法 01** 訓練生理時鐘

首先，不妨利用日常生活中的小動作，來培養時機觀念吧！比方試著用手機的碼表，量一量自己如廁、用餐、上網等動作所花的時間。先了解自己「做〇〇要花 ×× 分」，就能慢慢地培養出時機觀念。

**方法 02** 在朝目標邁進的準備期播放音樂

接著是利用音樂培養時機觀念。首先請您測量一下自己出門前各項準備工作（換衣服和化妝等）要花的時間，再測量它們的總計時間。接著，請您挑選適合各項任務的歌曲，並計算這些歌曲的總計長度。如此一來，您就會有一套簡單明瞭的標準，讓自己知道「到這首曲子結束之前一定要出門！」不妨試著配合準備所需的時間，編輯 5 分鐘、30 分鐘等不同版本的歌單，或許也是一法。

## 小 結

　　聽到「時機觀念」，您可能會認為「應該是只適用於音樂或舞蹈領域的觀念吧？」其實它和日常生活中一些微小的規劃思維很有關係。要改善遲到毛病的確很辛苦，但也有人因為職場或學校的環境改變，或轉換跑道，從事能照自己步調前進的工作之後，從此就不再遲到了喔！時機觀念其實也是一種會受壓力影響的能力，所以請您不要勉強，照自己的節奏，一步一腳印地努力吧！

# 4 調理自律神經**的**訣竅

自律神經是「律己」的神經系統，可不是「自立」神經。所謂的「律己」，其實是指「無關個人意志」的意思。

外界的溫度隨時都在變動，食物也會有不盡充足的時候。讓人體在面對這些內、外變化之際保持恆定，就是自律神經系統的功能。比方說在外界溫度升高時，自律神經會驅動身體排汗，以維持體溫穩定。當自律神經無法充分發揮功能時，生物就無法生存下去。

那麼，我們該如何讓自律神經妥善運作呢？最有效的方法，就是去「撼動」自律神經。

做法之一就是冷熱水交替浴。讓升高的體溫驟降時，自律神經就會出現「發生了什麼事？總之就是緊急狀況！」的反應，進而開始活躍地運作。在家中泡冷熱水交替浴時，可先泡在熱水裡，再用冷水沖澡1分鐘左右，也能達到同樣的效果。

像這樣透過運動、泡澡或伸展等人為方式來加重身體的負擔，就能讓自律神經系統的運作更順暢。

精神科醫師 酒井和夫

第 5 章

# 「了解自己」的
# 練習筆記

# 越了解自己，心裡越輕鬆

在本書的正文部分，我們從各種「欺負自己的壞習慣」出發，探討了自己的情緒感受與思維想法。不過，想必應該還是有一些「用了書上寫的這些方法，仍舊沒有改善」的讀者。

因此，在本章當中，我要推薦一個最根本的因應之道，那就是「了解自己」。

據說人的煩惱與不安，有九成都是來自於人際關係。因此，想優化人我之間的關係，就要先了解自己。

而把自己的「行為」和「情緒感受」串聯成一個故事來解讀，就是有效了解自己的好方法。

比方說您在大街上迷路了。然而，您還是盡可能直視著前方走路。為什麼？因為您很膽小，這樣做才能「避免被攬客推銷的人搭訕」嗎？或是「怕被當成鄉巴佬很丟臉」，所以打腫臉充胖子？

像這樣試著把自己的行為和情緒感受串聯起來，您的個性自然就會鮮明地浮現出來，讓您的自我覺察更清晰。自我覺察越清晰，下次在串聯「他人的行為與情緒感受」時，就會有更多思考方向可用。即使碰上一個散發著無言壓力的人，您也比較能了解別人的心情，例如認為「他沒有生氣，或許只是有點累。我有時候也會這樣……」等，讓人際關係變得更圓融。

像這樣將自己或他人的行為與情緒感受串聯起來，解讀其中的心境的做法，在心理學上稱為「心智化」（mentalizing）。一般認為，心智化能讓整個人生變得更好，從穩定心理層面到促進職涯發展，都能派上用場。

接下來，我就要來介紹一些幫助我們更深入了解自己的方法。

# 了解自己的兩個方法

當有人問起「你是哪一種個性的人？」時，很多人都會用「現在的自己」，去解讀自己過去的行為和情緒感受之後，再回答這個問題。

例如您從過去的經驗當中，發覺自己很常獨來獨往。如果您現在很正向地肯定這樣的自己，您就會回答「我是居家型的人」；如果消極地否定，或許您就會回答「我很怕生」。

綜上所述，人的「**自我形象**」，其實是由「**過去的記憶**」和「**解讀記憶的當下**」所塑造出來的。因此，要了解自己，關鍵在於從「過去」和「現在」這兩個面向來審視自己。至於審視自己的方法，則有以下兩種：

### 方法 1 了解當下的情緒感受和思維想法

在回顧過去之前，要先了解「現在的自己」。在不做任何控管的情況下，人的意識會被過去的、未來的各種不安塞滿，例如「明天一定要做這件事」、「昨天我被人家這樣說」等等。

養成不時讓自己聚焦當下情緒感受和思維想法的習慣，就能塑造出「預設模式中那個穩固的自己」，培養出平準的判斷能力。

### 方法 2 透過生命故事來了解過去

接著，我們要試著撰寫生命故事，把自己過去的行為和情緒感受串聯起來。先了解現在的自己如何看待過去的經驗，並重新凝視過去，就能建立穩固的自我形象。

「過去」已無從改變，但我們可以改變解讀過去的「當下」。讓我們重新凝視過去，奠定穩固的「自我形象」。

事不宜遲。接下來，就讓我們來試試這兩個方法吧！

# 面對當下的情緒感受、 思維想法

　　首先，請您試著把自己當下的心境分為「情緒感受」和「思維想法」，並且練習聚焦在這裡。對過去、未來的不安，很容易啟動偏執或心裡的壞毛病。要了解自己，最好的辦法就是把注意力聚焦在當下的心境上。**別用「好、壞」去對自己此刻的情緒感受、思維想法做價值判斷，接受它們最真實的樣貌吧！**思維想法和情緒感受固然無法區分得涇渭分明，但這兩者的平衡至關重要，建議您不妨試著輪流練習看看喔！接下來，我就要來介紹一些幫助我們更深入了解自己的方法。

## 正念（mindfulness）

　　我在第 41 頁提過冥想，不過這裡我要介紹的，是更能強化「覺察自己情緒感受」意識的正念冥想法。

　　正念冥想法的重點，在於坦然接納自己的情緒感受，不去判斷它們的「好、壞」，所以不必勉強自己專注也無妨。縱然腦中浮現了一些雜念或負面想法，也請您想著「我現在浮現了這樣的念頭」，就這麼接納它們吧！**只要能學會接受自己的情緒感受和思維想法，不做「好、壞」之類的價值判斷，就能比較持平地看待自己負面的過去（失敗或挫折體驗）。**

# 練習正念的方法

## 01

安靜地坐下來，
閉上眼睛，
專心呼吸吐納。

## 02

觀察心中浮現的
那些情緒感受和思維想法，
告訴自己
「我現在有這些感覺」，
不去做「好、壞」之類的
價值判斷。

## 03

持續進行
1 ～ 10 分鐘。

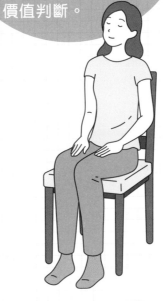

## 日記

　　能真實覺察自己的情緒感受，不對它們做「好、壞」之類的價值判斷後，接著我們要試著把這些情緒感受化為文字。**要了解自己，不只要覺察自己的情緒感受，若能訴諸文字來說明，效果更好。**

　　在此，我就要來介紹一種有「用寫的冥想法」之稱的「**正念筆記**」（journaling）法。

　　所謂的正念筆記，就是每天訂出 5 或 10 分鐘，把想到的事全都寫在筆記本或白紙上。內容不限，喜怒哀樂、煩惱悲傷都無妨。

　　「我現在心情莫名糟糕。是因為我昨天和朋友吵了一架嗎？」「那隻貓好可愛」……試著把想到的事都寫下來，縱然有錯別字、文法不對也無妨，就這樣寫下去吧！

　　將情緒感受訴諸語言的技巧，可幫助我們培養「與負面想法保持距離」的能力。一般大家會覺得「不願意多去想討厭的事」，但其實大腦的判斷有個趨勢，就是「已從腦中拋出去的想法，就不需要再記住」。因此，將**情緒感受訴諸語言的技巧越高明，越能從更高的層次來觀察自己，心理狀態也會漸趨穩定。**

　　說不定您在書寫正念筆記的過程中，腦中會浮現「竟然寫出這種東西，我是不是個很差勁的人？」「真丟臉」之類的情緒、感受。請放心，即使是這樣的內容，也別對它們做「好、壞」之類的價值判斷，只要是抱持「啊！我心裡浮現了這樣的情緒感受欸……」的心態，在客觀審視自己的同時，繼續寫下去吧！

# 練習正念筆記的方法

## 01 準備筆記本和筆
用手機也可以，但建議最好是用可刺激五官的手寫方式進行。

## 02 訂定主題，開始書寫
可隨心所欲地寫出「當下的感受」，或訂定一個主題，例如「煩惱」、「感恩的事」、「期待的事」，或「成為億萬富翁之後想做什麼事？」「何謂理想人生」也行。剛開始甚至可以寫成條列式的清單，不是一篇文章也無妨。

## 03 持之以恆
與其講究每一篇正念筆記的長短，還不如學著慢慢養成書寫習慣。建議各位初期每次設定1～5分鐘，每週趁假日睡前簡短寫一篇……大概像這樣開始動筆即可。

正念筆記的案例

　　說要寫正念筆記，但還真不知道該寫什麼才好……該寫什麼呢？對了，最近我總覺得心煩意亂，究竟是為什麼呢？是因為主管上星期在大家面前教訓了我一頓嗎？當時我還真的是腦筋一片空白，到了晚上，心頭才湧起一陣不甘，還大哭了一場。主管這樣做固然很過分，但我畢竟也出了錯，還是得要好好反省，避免再出錯。不過話說回來，主管還是很過分，明明可以不必在大家面前訓我的呀！通篇都在發牢騷，沒關係嗎？對了，昨天我帶狗出門散步時，有位小姐很親切地找我攀談，讓我稍微振作了起來。人生還真是有起有落啊！

# 透過生命故事
# 來面對過去

要了解自己，其實還有另一個方法，那就是「生命故事」。**所謂的生命故事，就是從個人的經驗出發，把自己從小到大的人生當作一個故事來講述。**各位從小到大，應該也有一些人生故事吧？

**書寫下一些故事，清楚說明過往的歷程如何成就現在的自己，**例如「從小就喜歡畫畫，現在是設計師」、「小學時很擅長逗樂大家，現在還是覺得身旁的人願意對我發笑，是我人生最大的意義」等，**就能建立一個穩固的自我形象，**進而更懂得如何對付各種欺負自己的壞習慣。

在心理學上認為，人的自我形象會在小學到國中階段定型。所以希望您在書寫時，能以小學、國中以前的經驗為優先。我想應該有很多人都不記得了，對吧？遇有這種情況時，可先從現在的自己開始回溯也無妨——請您儘管放心，有時在書寫的過程中，就會像順藤摸瓜似的挖出一大串喔！

## 撰寫生命故事的方法

**01** 回想深深影響自己內在，或記憶猶新的事件，不論是正向或負向都無妨。

**02** 試著寫出事件發生的年齡、內容，以及當時的情緒感受。此時請盡可能從正、反兩面觀點，平衡描述整起事件。

生命故事的案例

| 年齡 | 事件 | 心情 |
|------|------|------|
| 6 | 據說一直纏著媽媽，要媽媽唸書給我聽。 | 沒有印象 |
| 9 | 父母開始責備我，要我「別找藉口」。 | 我覺得很不合理，之後就不再說真心話了。我真的有那麼任性嗎？ |
| 10 | 在班上擔任圖書股長，為同學推薦好書之後，班上竟要我「再多推薦一些」。我因此而更愛閱讀了。 | 獲得眾人肯定，心裡覺得很溫暖，萌生「想為身旁的人貢獻更多心力」的想法。 |
| 13 | 國中時交不到朋友，有點被孤立。<br>→後來和找我說話的人變成好朋友。 | 覺得只要有一個能真正了解我的人就好了。 |
| 18 | 交了第一個男朋友。<br>→兩個月就分手 | 無法將內心真正的想法告訴對方，覺得很痛苦，從此害怕談戀愛。 |
| 20 | 在大學參加小說研究社。 | 認真考慮從事和書籍有關的工作。 |
| 22 | 投了履歷給出版社，最後一家都沒錄取。<br>開始在書店打工。 | 找工作的過程就像整個人都被否定似的，覺得很痛苦。 |
| 25 | 在一家小型出版社找到業務的工作。 | 儘管無法直接參與書籍製作，但還是很高興能為書籍貢獻心力。 |

# 用來撰寫生命故事的十道題目

　　這裡我要介紹的，是在撰寫生命故事時，能幫助我們回想過往事件的十道題目。建議您不妨試著把這些答案直接填寫到生命故事的「事件」欄位喔！

**Q1** 人生中最開心的事？

**Q2** 人生中最難忘的成功經驗？

**Q3** 人生中最慘痛的挫敗？

**Q4** 你聽過最開心的一句話是？

**Q5** 你聽過最受傷的一句話是？

**Q6** 父母或扶養人做過什麼事讓你最開心？

**Q7** 什麼機緣讓你開始有現在這個興趣？

**Q8** 最能讓你一頭栽進去，忘記時間的事情是？

**Q9** 最讓你生氣的事情是？

**Q10** 最讓你覺得可怕的事情是？

請根據左頁各題的答案，試著撰寫出自己的生命故事。

| 年齡 | 事件 | 心情 |
|------|------|------|
|      |      |      |
|      |      |      |
|      |      |      |
|      |      |      |
|      |      |      |
|      |      |      |
|      |      |      |
|      |      |      |

# 撰寫出生命故事之後，
# 會有什麼變化？

　　有些追蹤我們帳號的粉絲已經撰寫了自己的生命故事，這裡我就要來介紹一些粉絲的回饋。

**案例 1**

把「開心的事」依時間先後順序一字排開之後，發現有幾個重複出現的詞彙和情緒感受，於是我從中找到了讓自己幸福的方法。我以前有個「容易沮喪」的毛病，現在我已經學會鼓勵自己，心理狀態非常穩定。

**案例 2**

我以前有個「動不動就責怪自己」的毛病。然而，自從我不再對自己的人生做「好、壞」的價值判斷，加上把這些挫折説出來之後，如今已能抱持著「的確發生過這些事啊……」的心態，面對過去那些痛苦的失敗經驗，把它們當作滋養人生的養分。

**案例 3**

過去我依循長女→公司行政→媽媽這些「可供轉換的角色」，為身旁的人盡心盡力，卻逐漸迷失了自己。不過，在寫出自己從小到大的人生之後，我覺得好像找到了自己「熱心助人」、「喜愛編織」的人格特質。

案例 **4**

撰寫生命故事時，如果想起不愉快的回憶讓您覺得很痛苦，中途停筆也無妨。重點在於您要了解自己的情緒感受和經驗都很重要，無關「好、壞」。久而久之，您漸漸地就不會再害怕「了解自己」，能和自己好好相處了。等您準備好想動筆時再試試看，不必勉強喔！

案例 **5**

以往我動不動就被別人的意見牽著鼻子走，是個無法開口說「不」的人。然而，在撰寫過生命故事之後，我覺得逐漸可以找到一些自己想好好重視的情緒感受和價值觀，培養出了「被討厭的勇氣」。後來我成功建立「自己的核心軸」，如今已學會如何明確表達「NO」和「YES」了。

小 結

撰寫生命故事時，如果想起不愉快的回憶讓您覺得很痛苦，中途停筆也無妨。重點在於您要了解自己的情緒感受和經驗都很重要，無關「好、壞」。久而久之，您漸漸地就不會再害怕「了解自己」，能和自己好好相處了。等您準備好想動筆時再試試看，不必勉強喔！

# 結 語

　　感謝您耐心讀到這裡。有沒有看到值得參考的因應之道呢？萬一您無法順利執行書中所寫的因應之道，請您千萬不要責備自己喔！

　　我最想透過本書表達的，是**「抱持『做自己也無妨』的想法有多麼重要」**。然而，其實也有很多人認為「我最討厭真正的自己」，有時甚至還會覺得「既然我這麼差勁，不如消失算了⋯⋯」。

　　不過，即使是這麼一個「自責的自己」，也請您給他一些肯定。反之，如果您滿心希望自己能有所改變，那就當個「希望能有所改變的自己」也無妨。

　　**「欺負自己的壞習慣」並不是一種「負面」的情緒，而是一套用來保護自己的機制**。先接納「真正的自己」，再與「負面情緒」和平共處，應該就能破解詛咒。

　　心理學上認為，人的個性，是在「遺傳與後天環境因素各佔一半」的狀態下構成。遺傳和童年的成長環境，都不是自己可以掌控的，對吧？萬一您好像就要遭到「欺負自己的壞習慣」攻擊時，**請您務必不斷地告訴自己「那些都不是你的錯」、「我的每個情緒感受都很重要」**。

　　長此以往，您應該就能體認到「那些『欺負自己的壞習慣』，其實並不是詛咒。它們一直都在保護著我」，迎接負面情緒解除的那一天到來。

**參考書籍**

《用血清素與眼淚消解壓力》
（脳からストレスを消す技術—セロトニンと涙が人生を変える,有田秀穂著,SUNMARK 出版,繁體中文版由橡樹林發行）

《思緒清晰,避免退休失智的 17 個新習慣》
（定年認知症にならない脳が冴える新 17 の習慣,築山節著,集英社,書名暫譯）

《改變懶散自己的教科書 充滿幹勁的大腦》
（ぐうたらな自分を変える教科書やる気が出る脳,加藤俊德著,昂舍,書名暫譯）

《消除心神不寧、煩躁焦慮的不太努力休息法 用零碎空檔開始練習正念》
（心のざわざわ・イライラを消すがんばりすぎない休み方すき間時間で始めるマインドフルネス,荻野淳也著,文響社,書名暫譯）

《精神科醫師教你消除「怒氣」的技術》
（精神科医が教える「怒り」を消す技術,備瀬哲弘著,MAKINO 出版,書名暫譯）

《圖解 改善認知扭曲,心境就會變輕鬆》
（図解 認知のゆがみを直せば心がラクになる,福井至、貝谷久宣審訂,扶桑社,書名暫譯）

《與世界格格不入的我,其實可以不孤獨》
（自分の「人間関係がうまくいかない」を治した精神科医の方法,西脇俊二,鱷魚圖書,繁體中文版由好的文化發行）

《「具體⇔抽象」訓練 讓思考力突飛猛進的 29 道問題》
（「具体⇔抽象」トレーニング思考力が飛躍的にアップする 29 問,細谷功著,PHP 研究所,書名暫譯）

《孤獨的冷漠：逃避型依戀障礙的分析與修復》
（回避型愛着障害：絆が稀薄な人たち,岡田尊司著,光文社,繁體中文版由聯合文學發行）

《發展 × 依附 活得好辛苦的原因：好想與人建立關係,卻辦不到》
（愛着×発達生きづらさの理由：つながりたいのにつながれない,石上友梨著,BANAPANA BOOKS,書名暫譯）

《說謊心理學：漫畫圖解版》
(「なるほど！」とわかるマンガはじめての嘘の心理学 YUUKI YUU 審訂,西東社,
繁體中文版由晨星發行)

《親切的五種副作用》
(THE FIVE SIDE EFFECTS OF KINDNESS,大衛‧漢密爾頓著,掘內久美子
譯,SUNMARK 出版,書名暫譯)

《走進小孩的內心世界：教養專家河合隼雄解讀孩子的心靈密
碼》
(Q&A こころの子育て─誕生から思春期までの 48 章,河合隼雄著,朝日新聞
社,繁體中文版由親子天下發行)

《拯救手機腦：每天 5 分鐘，終結數位焦慮，找回快樂與專注力》
(Skärmhjärnan,安德斯‧韓森著,久山葉子譯,新潮社,繁體中文版由究竟
發行)

《從腦開始改變糟糕的自己 找回「幹勁」和「自信」》
(脳から変えるダメな自分「やる気」と「自信」を取り戻す,築山節著,NHK 出版,
書名暫譯)

《九成顧客全買單的腦神經行銷學：收買大腦，讓顧客不自覺
掏錢買單，不用「勸敗」照樣大賣》
(ビジネスに活かす脳科学,萩原一平著,日經 BP,繁體中文版由格致文化發行)

《精神科醫師說的話要這樣聽 十種方法》
(精神科医の話の聴き方 10 のセオリー,小山文彦著,創元社,書名暫譯)

《星期一覺得憂鬱的話，就讀這本書》
(「月曜日がゆううつ」になったら読む本,西多昌規著,大和書房,書名暫譯)

《不生病的生活真好：寫給你的健康長壽寶典》
(不老長寿メソッド死ぬまで若いは武器になる,鈴木祐著,神吉出版,繁體中文
版由大田發行)

《壓力不可怕 人人都能在正式上場時獲勝的心理強化術》
(Performing under pressure : the science of doing your best when it
matters most,漢德烈‧威辛格著,高橋早苗譯,早川書房,書名暫譯)

## 參考論文

正木大貴〈自尊需求的心理學解析 —— 從現代年輕族群與社群網站的關係談起〉
https://ci.nii.ac.jp/naid/120006488050

佐藤綾子〈建立人際關係時的非語言表現研究〉
https://ci.nii.ac.jp/naid/500000202685

Jason S. Moser 等
「Third-person self-talk facilitates emotion regulation without engaging cognitive control: Converging evidence from ERP and fMRI」
https://www.nature.com/articles/s41598-017-04047-3

Britta K. Hölzel 等
「Mindfulness practice leads to increases in regional brain gray matter density」
https://www.ncbi.nlm.nih.gov/pmc/articles/PMC3004979/

Hidenobu Sumioka 等
「Huggable communication medium decreases cortisol levels」
https://pubmed.ncbi.nlm.nih.gov/24150186/

Alison Wood Brooks
「Get excited: reappraising pre-performance anxiety as excitement」
https://pubmed.ncbi.nlm.nih.gov/24364682/

Guihyun Park 等
「Why Being Bored Might Not Be a Bad Thing after All」
https://journals.aom.org/doi/10.5465/amd.2017.0033

James H. Fowler 等
「Model of genetic variation in human social networks」
https://www.pnas.org/content/106/6/1720.short

Felix R. Day 等
「Elucidating the genetic basis of social interaction and isolation」
https://www.nature.com/articles/s41467-018-04930-1

Hiroshi Nittono 等
「The Power of Kawaii: Viewing Cute Images Promotes a Careful Behavior and Narrows Attentional Focus」
https://journals.plos.org/plosone/article?id=10.1371/journal.pone.0046362

Jackie Andrade 「What Does Doodling do?」
https://www.researchgate.net/publication/227524410_What_Does_Doodling_do

Martin E P Seligman 等
「Positive psychology progress: Empirical validation of interventions」
https://www.researchgate.net/publication/7701091_Positive_Psychology_Progress_Empirical_Validation_of_Interventions

擺脫「欺負自己」的壞習慣：想太多不是你的錯，不夠好也沒關係，寫給高敏感人的40個自我實現指南
自分いじめの呪いを解く本 日がラクになる心のクセづけ40

| | | | |
|---|---|---|---|
| 作者 | Cocology | 製版印刷 | 凱林彩印股份有限公司 |
| 審訂 | 酒井和夫 | 初版 1 刷 | 2023年12月 |
| 譯者 | 張嘉芬 | 初版 2 刷 | 2024 年 7 月 |
| 責任編輯 | 李素卿 | ISBN | 978-626-7336-38-0／定價 新台幣 420 元 |
| 版面編排 | 江麗姿 | EISBN | 9786267336427 (EPUB)／電子書定價 新台幣 294 |
| 封面設計 | 走路花工作室 | | |

Printed in Taiwan
版權所有，翻印必究

資深行銷　楊惠潔
行銷主任　辛政遠
通路經理　吳文龍
總編輯　　姚蜀芸
副社長　　黃錫鉉
總經理　　吳濱伶
發行人　　何飛鵬

JIBUN IJIME NO NOROI O TOKU HON
MAINICHI GA RAKU NI NARU KOKORO NO KUSE ZUKE 40
©Cocology 2021
First published in Japan in 2021 by KADOKAWA CORPORATION,
Tokyo. Complex Chinese translation rights arranged with KADOKAWA
CORPORATION, Tokyo through LEE's Literary Agency.

出版　　　創意市集 Inno-Fair
　　　　　城邦文化事業股份有限公司
發行　　　英屬蓋曼群島商家庭傳媒股份有限公司
　　　　　城邦分公司
　　　　　115台北市南港區昆陽街16號8樓

※廠商合作、作者投稿、讀者意見回饋，請至：
創意市集專　　https://www.facebook.com/innofair
創意市集信箱　ifbook@hmg.com.tw

城邦讀書花園　http://www.cite.com.tw
客戶服務信箱　service@readingclub.com.tw
客戶服務專線　02-25007718、02-25007719
24小時傳真　02-25001990、02-25001991
服務時間　週一至週五9:30-12:00，13:30-17:00
劃撥帳號　19863813　　戶名：書虫股份有限公司
實體展售書店　115台北市南港區昆陽街16號5樓
※如有缺頁、破損，或需大量購書，都請與客服聯繫

香港發行所　城邦（香港）出版集團有限公司
　　　　　　香港九龍土瓜灣土瓜灣道86號
　　　　　　順聯工業大廈6樓A室
　　　　　　電話：(852) 25086231
　　　　　　傳真：(852) 25789337
　　　　　　E-mail：hkcite@biznetvigator.com

馬新發行所　城邦（馬新）出版集團Cite (M) Sdn Bhd
　　　　　　41, Jalan Radin Anum, Bandar Baru Sri Petaling,
　　　　　　57000 Kuala Lumpur, Malaysia.
　　　　　　電話：(603)90563833
　　　　　　傳真：(603)90576622
　　　　　　Email：services@cite.my

國家圖書館出版品預行編目資料

擺脫「欺負自己」的壞習慣：想太多不是你的
錯，不夠好也沒關係，寫給高敏感人的40個自
我實現指南/ Cocology著；-- 初版 -- 臺北市；創
意市集‧城邦文化出版／英屬蓋曼群島商家庭
傳媒股份有限公司城邦分公司發行，2024.07
　面；公分
ISBN 978-626-7336-38-0（平裝）
1.CST:自我實現 2.CST: 生活指導

177.2　　　　　　　　　　　　　112016778